T0145593

« Le mode d'être artistique d'une œuvre peinte est celui qu'elle tient de l'artiste et de l'art auxquels elle doit d'exister.
Le mode d'être esthétique d'une peinture est celui qu'elle tient de l'expérience par laquelle et dans laquelle elle est appréhendée comme œuvre d'art ».

**Étienne Gilson** de l'Académie française
fondateur de la collection

# histoire(s) de médium

essais d'art et de philosophie

Patrick Vauday
**histoire(s) de médium**

directrice de collection :
Jacqueline Lichtenstein

© Librairie Philosophique J. VRIN, 2016
6, place de la Sorbonne, Paris V<sup>e</sup>
ISSN 0249-7913
ISBN 978-2-7116-2686-1
*www.vrin.fr*

*prologue*
**philosophie et peinture,**
**une affaire de médium**

Longtemps philosophie et peinture se sont ignorées, sauf pour la première à engager un procès en condamnation dont le platonisme s'est fait le procureur inflexible au nom d'une vérité que la seconde aurait déshonorée en fétichisant les apparences sensibles ; à moins que plus conciliante, elle en accepte avec Aristote le dessin et la forme aux dépens des séductions de la couleur. La raison n'avait que faire des teintes qui ornent les figures et arrêtent le regard. Il faut attendre l'ère moderne, celle des historiens, et plus précisément l'âge esthétique, pour voir la peinture entrer dans le champ d'intérêt de la philosophie. Sans doute, y eut-il un épisode médiéval particulièrement fertile pour la peinture chargée par le christianisme iconodoule de porter témoignage de l'incarnation et de mettre son art au service de la gloire divine. C'était faire de sa palette l'équivalent d'un culte rendu au créateur dans la magnificence de sa création, de ses surfaces adornées la preuve éclatante de sa surabondance et de sa toute-puissance et, comme dans le Christ Pantocrator de l'art byzantin, du peintre lui-même le miroir exalté de son illustre modèle dont lui vient la force de transfiguration des apparences et de transmutation des matériaux en la pure lumière d'un rayonnement spirituel. Soulevé par la puissance d'un au-delà, le peintre était un spirite capable d'élever la matière à hauteur de l'esprit, d'en effacer rudesse et gravité dans des figures en lévitation légère dans la flamme des ors. C'est alors que le peintre était un médium inspiré par le verbe divin et la peinture un art médiumnique en force de relever les matières de leur disgrâce et de leur souffler la parole muette de l'adoration. Bien que sous perfusion du verbe incarné, cette extase de la peinture n'était pas toute livrée à la commande religieuse, elle s'y ouvrait en même temps un droit de sortie au délire des figures et des espaces, des lignes et des couleurs qui se retrouvera encore, porté au plus haut, chez un Le Gréco où la ressemblance des figures, aspirées par une force ascendante, est saisie d'une dissemblance qui les déporte au-delà du monde ordinaire. Transie par une force qui la transporte hors d'elle-même, la peinture n'en garde pas moins cependant sa force propre qui trouve à développer sa puissance par attraction de ce qui, sous l'espèce du surnaturel, en excède les limites. Si elle a servi la religion, elle y a également trouvé, du moins chez les plus grands, l'occasion de se servir elle-même par la production de profondes intensités colorées dont les orbes polychromes et matriciels où siège la Vierge à l'enfant du Triptyque du Maître de Moulins[1] offrent un des plus beaux exemples. La vulgate selon laquelle la peinture n'aurait été qu'aux ordres de son commanditaire et mécène religieux fait trop bon marché de la complexité qui anime la production du tableau, du jeu des forces, internes et externes, picturales et extra-picturales, dont il est la scène en même temps qu'il en constitue la résolution en tension. La pure peinture est le mythe contre-productif d'un autre mythe, celui d'une

---

1. D'après les dernières recherches, il s'agirait de Jean Hey.

peinture réduite à la défense et l'illustration des pouvoirs dont elle ne serait que la servante soumise.

Quand, à l'âge esthétique, la philosophie investit spéculativement, parmi d'autres arts mais plus qu'aucun autre, la peinture, faut-il y voir une prise de pouvoir, son arraisonnement et sa subtilisation par la puissance des mots, certes beaucoup moins sensible que les pouvoirs religieux et politique mais aussi beaucoup plus retorse? De la peinture, les figures, les lignes, les couleurs, les espaces, auraient-ils été réduits au silence et à l'invisibilité par le bruit bavard des mots de la philosophie? Sous couvert d'y porter la plus grande attention, sous le masque de la plus grande déférence, la philosophie l'aurait-elle expropriée et mise sous tutelle pour la représenter et la faire parler à sa place? En fait, la peinture n'a pas attendu l'âge esthétique pour consommer sa rencontre avec l'univers des mots et s'en inspirer. Les nombreux traités de peinture qui fleurissent à la Renaissance sont l'expression d'une volonté de négocier, voire de régler au plus près les rapports du visible et du dicible; la référence aux parties du discours pour définir le *modus operandi* de la peinture en est dès le *De Pictura* d'Alberti une parfaite illustration. Sous le régime représentatif des arts, tel que défini par Jacques Rancière, la chair des images est rigoureusement soumise à la découpe des mots et au mode de composition de leur syntaxe narrative, et, sous le nom de *disegno*, le dessin au dessein d'une idée ou d'une histoire à déployer dans l'espace du tableau. Mais, là encore, il n'était pas simplement question de cantonner la peinture dans un rôle d'illustration. La preuve en est par Poussin récusant dans *Eliézer et Rébecca* l'illustration de l'épisode biblique, qui impliquait d'y faire figurer pas moins de dix chameaux, pour concentrer le tableau sur la scène de l'élection parmi treize belles jeunes femmes de l'une d'entre elles et donner au spectateur attentif par les seules ressources de la peinture, au nombre desquelles le rythme tout en suspens des figures, le sentiment d'une grâce incontestable tranchant sur autant de gracieuses jeunes femmes. Dans cette œuvre où il s'agit de rendre visible l'invisible pesée d'un choix, où le spectateur, comme les jeunes femmes du tableau, est invité à être témoin par l'évidence d'un signe, plutôt que par raison, d'une élection, la peinture fait preuve, au-delà du récit, d'un poids qui lui est propre. A l'épreuve des mots qu'il lui faut consigner comme le comporte le cahier des charges du régime représentatif, la peinture intrigue subtilement à faire paraître ce qu'il en est d'une pensée qui juge – *pensare*, c'est peser, évaluer –, des forces qui jouent sur la balance des apparences. La peinture n'est là rien moins qu'un support, médium ou truchement pour d'autres plus hautes opérations, elle prend sa part du penser en soufflant des idées à la philosophie[1]. Bien avant que Rousseau ne célèbre dans son *Essai sur l'origine des langues* l'éloquence muette de la peinture, ne savait-on pas, depuis Léonard au moins, que la peinture était « cosa mentale » et que si elle ne parlait pas, elle n'en pensait pas moins ?

Que vient y ajouter ou, au contraire, en retrancher la philosophie en son âge esthétique ? A dire vrai, rien qui ravisse la peinture à elle-même ou la détourne d'une voie qu'elle était en train de frayer dans le même temps. Plutôt que de faire parler la belle muette en son absence, comme fera plus tard la psychanalyse avec les rêves, ne s'est-il pas agi pour la philosophie de prendre acte du fait de pensée de la peinture ? Reproche lui a été fait de ne prendre le parti de la peinture que pour mieux l'enrôler comme supplétif, ou supplément, des aventures de l'esprit et de la raison, en termes philosophiques dans le rôle de médiation entre l'idée et le sensible dans laquelle l'initiative reste toujours à la première dans sa recherche d'une incarnation et de son devenir-monde. Hegel,

---

1. Sur Poussin philosophe, voir C. Nau, *Le temps du sublime. Longin et le paysage poussinien*, Rennes, Presses Universitaires de Rennes, 2005. Notamment « Qu'est-ce qu'un peintre philosophe ? », p. 117-135.

évidemment, en fit d'autant plus les frais qu'il aura osé embarquer dans l'aventure pratiquement toute l'histoire de l'art. Témoin Giorgio Agamben écrivant ceci à son propos :

> la conception courante de l'expression est dominée par le modèle hégélien d'après lequel toute expression se réalise dans un *medium*, que ce soit une image, une parole ou une couleur, qui a la fin doit disparaître dans l'expression accomplie. L'acte expressif est accompli une fois que le moyen, le *medium*, n'est plus perçu en tant que tel. Il faut que le *medium* disparaisse dans ce qu'il nous donne à voir, dans l'absolu qui se montre, qui resplendit en lui [1].

Si le médium comme intermédiaire, transit de l'idée vers son expression achevée, moyen effacé par sa fin, est dévalorisé par Giorgio Agamben aux dépens du médium pris pour fin, c'est au nom d'un art qui ferait obstacle de sa matière à la traversée pure et simple de l'idée, cas de la couleur en peinture qui opposerait son opacité muette à l'expression symbolique de l'idée.

## le médium dans tous ses états

Un premier point sera d'examiner si la philosophie hégélienne ne fait pas mieux que donner à la peinture la teinture de l'idée ou si elle n'y rencontre pas une matière pensante, pour ne pas dire réfléchissante, qui l'aurait précédée et dont la philosophie ne serait après coup que l'expression élaborée. N'était-ce pas déjà le cas du sujet cartésien dont les prémices ont pu être relevées dans la construction perspective des peintres renaissants avec l'assignation stricte du point de vue et sa construction en miroir du point de fuite telle qu'elle s'observe dans *Le Portrait des époux Arnolfini* de Jan Van Eyck ? Si le sujet de la peinture est pour Hegel le sujet soi-même, n'est-ce pas qu'il y avait déjà fait son entrée avant même

1. G. Agamben, « Le cinéma de Guy Debord », dans *Image et mémoire*, Paris, Hoëbeke, 1998, p. 74-75.

qu'elle puisse l'y remarquer et l'en extraire ? Avant de s'intérioriser, le sujet a dû s'extérioriser et prendre vue de lui-même dans le portrait qui en tire les traits, le subjectile se présentant à représenter la subjectivité. Le second point sera d'envisager un troisième état ou sens du médium qui ne serait ni simplement celui de l'intermédiaire et du moyen relatif à une fin extérieure, ni celui d'une matière sensible résistante au dessein de l'idée mais celui d'un *milieu*. Médium s'entend aussi comme milieu. Au sens premier de médian, voire de moyenne, ce qui se trouve à égale distance des extrêmes, le médium se caractérise d'être *entre*, comme un pli qui fend une surface continue et la dédouble de manière à l'amener à coïncidence avec elle-même sans pour autant impliquer la confusion des deux surfaces mises en correspondance. Dans un second sens, le milieu définit un espace de relations entre éléments hétérogènes ; milieu physique d'un phénomène mécanique (la chute des corps), milieu de vie d'un animal (l'herbivore), milieu social d'un groupe humain (milieu bourgeois), voire *le* milieu caractéristique de la pègre, le milieu, à l'image du point médian, est toujours singulier. Ces deux sens aideront à mieux appréhender les rapports de la philosophie avec la peinture.

Si la peinture n'est ni l'instrument de la philosophie ni matière spécifique résistant aux prises du discours, elles peuvent se faire face et se confronter sans jamais se confondre ; se manquant l'une à l'autre, l'idée aspirant à l'image, l'image aspirant aux mots, elles se relancent l'une l'autre dans une course ou une fuite à l'infini sur la ligne de pli qui les sépare. L'idée ne viendra jamais à bout du tableau. Un exemple fameux, celui du *Cri* de Munch, devenu le cliché rétrospectif de la déshumanisation du XXe siècle dont il serait le sinistre pressentiment. Réduit à l'idée qui s'exprime à travers lui, selon le modèle précédemment évoqué par Giorgio Agamben, ce tableau devient proprement invisible en même temps qu'illisible dans la mesure où n'est pas posée la question de la compatibilité des détails du tableau avec l'idée qui l'interprète, l'intensité et la coulée vibrantes des couleurs, le dispositif de mise en espace, celui d'une promenade urbaine, sans doute à l'approche du crépuscule, avec sa rambarde en diagonale submergée par ce qu'elle est faite pour tenir dans la distance d'un spectacle. D'un côté, en perspective fuyante sur la gauche, la ville, de l'autre, une nature en explosion qui dérange la contemplation du spectacle. De qui est-ce le cri, ou de quoi ? De l'homoncule esseulé au premier plan ou de la nature en feu, un soir de printemps peut-être quand, comme dans les pays du nord, vient soudain le dégel et que le printemps pousse son cri, celui de la naissance ou de la renaissance ? L'attention au tableau avec la connaissance de ses circonstances et des propos du peintre mettent sur une autre piste que celle d'une instrumentation de la peinture par l'idée, celle d'une sensation qui a diffusé, enflé dans le tableau au point d'en faire voler en éclats l'immobilité. Un tableau-effet, et non un simple reflet, qui défait l'ordre assigné aux choses, homme d'un côté, nature de l'autre. L'œuvre de Munch n'est pas plus d'un côté que de l'autre, dans le surplomb de l'homme ou avec la nature, elle s'insinue entre eux, en leur milieu. Singulier et indistinct, ce lieu où les rapports ne sont pas réglés d'avance peut être occupé par une philosophie aux aguets de ce qui lui revient en écho d'une sensation pensante.

Comme espace singulier de relations et de vie, le milieu est moins le point ou la ligne de résonance *entre* deux pratiques ou deux territoires qu'un espace de composition de forces et d'éléments hétérogènes qui forment un tissu sensible commun, un partage. De ce point de vue, ainsi que l'écrit Jacques Rancière, « un médium n'est ni un support, ni un instrument, ni une matière spécifique. Il est le milieu sensible de leur coexistence »[1] ; ni support de la représentation, ni moyen d'expression de l'idée, ni essence aux

---

1. J. Rancière, *Aisthesis. Scènes du régime esthétique de l'art*, Paris, Galilée, 2011, p. 229.

propriétés singulières, le milieu est ce qui organise leurs relations dans le cadre d'un espace et d'une sensibilité communs. Si dans le milieu sensible caractéristique de l'âge poétique, la philosophie, et plus généralement la poétique, se rapportait à la peinture sur le modèle aristotélicien de l'idée donnant forme à une matière sensible informe, la philosophie de l'âge esthétique obéit au schème kantien et schillérien de l'indifférenciation égalitaire de l'idée et de la matière, de la pensée et du sensible. La parole et l'idée ne sont plus seulement à l'enseigne de l'esprit et de la volonté s'emparant d'une matière pour la plier à leurs desseins, elles font signe, disparates et dispersées, dans le monde muet des choses, dans l'insignifiance des comportements et des gestes quotidiens, dans les rythmes et les tonalités imperceptibles d'une expression. Ce sont ces signes involontaires, en marge en même temps qu'au cœur de l'anonymat des vies qui les produisent, que guettent et relèvent l'artiste pour les exposer, les faire voir et entendre, leur donner sens. L'artiste n'est plus l'architecte de l'idée, il se fait déchiffreur des signes émis par le réel. Le peintre ne donnera plus figure à la beauté dans la nudité d'Hélène, d'Apollon ou de Vénus, il la trouvera désormais dans une vibration colorée, dans l'éclat bref d'un chapeau claque, dans un entrelacs de courbes s'insinuant entre des corps ; dans un accord fortuit ou un discord grinçant plutôt que dans l'harmonie d'une forme. Il n'est du coup pas trop étonnant que plusieurs de ces artistes guetteurs de mondes autres ou de mondes à venir aient pu comparer leur art à celui du médium-spirite ou du prophète [1].

---

1. Victor Hugo pour la littérature, Courbet et Gauguin pour la peinture, en sont des exemples. Hugo compare le poète aux prophètes dans « La Fonction du poète » : « C'est lui qui sur toutes les têtes, / En tout temps, pareil aux prophètes, / Dans sa main, où tout peut tenir, / Doit, qu'on l'insulte ou qu'on le loue, / Comme une torche qu'il secoue, / Faire flamboyer l'avenir ! », dans *Les Rayons et les ombres* (1840). Courbet s'est lui-même donner figure de prophète dans *Bonjour Monsieur Courbet* (1854) ; quant à Gauguin, un

Le reproche a été fait à la philosophie d'avoir investi les arts sur les ruines d'une défunte métaphysique dont elle aurait conservé la nostalgie de l'absolu pour lui en confier la garde. Ce que Malraux appela « la monnaie de l'absolu », « mais l'éternité se retira du monde » [1], aurait été le péché originel de la spéculation philosophique sur l'art, sur la peinture surtout qui, pourtant, dans le même temps, s'en dépêtrait en peignant en lieu et place de l'Olympe l'*Olympia* de Manet et *L'Origine du monde* de Courbet. C'était prêter à la philosophie plus qu'elle ne pouvait payer et croire encore, même pour la critiquer et la juger intempestive, à son ambition hégémonique. Jacques Rancière a raison de rappeler que la philosophie fut la fille de son temps en contribuant avec d'autres théories, discours, pratiques, à construire les modes de sensibilité et d'intelligibilité de son époque. Hegel, pas plus que Kant, quoique moins critiqué à cet égard, ne peut être accusé d'avoir pris l'art en otage, alors qu'il s'appliquait, non certes sans inflexion dans l'esprit de son système, à en relever et réfléchir les inventions et les effets. Pour penser le rapport de la philosophie à la peinture, il faut en sortir, sortir en particulier de leur relation en miroir, pour introduire entre elles, en tiers, le milieu sensible dont elles participent l'une comme l'autre. Ce dont, à sa manière, Hegel se sera avisé en interrogeant les signes déposés par la peinture à la surface du tableau.

Mais en pensant les rapports de la philosophie à la peinture à l'âge esthétique sous la catégorie générique de l'art au singulier par opposition aux différents arts de la tradition des beaux-arts, Jacques Rancière ne tend-il pas à dissoudre ce que la peinture conserverait de spécifique relativement aux autres arts, plastiques ou poétiques ?

temps proche des Nabis (prophète en hébreux), il n'a pas dédaigné poser au prophète ou au mage dans son *Autoportrait à la palette* (1894).
1. A. Malraux, « La Monnaie de l'absolu », dans *Les Voix du silence*, dans *Écrits sur l'art*, « Bibliothèque de la Pléiade », tome I, Paris, Gallimard, 2004, p. 723.

Sa lecture remarquable de l'analyse hégélienne de la peinture hollandaise des XVI e-XVII e siècles est à cet égard très significative [1]. D'un côté, il relève ce qui fait la vraie nouveauté de l'analyse hégélienne qui, au lieu de s'arrêter aux sujets représentés par les tableaux, scènes et décors de la vie quotidienne, consiste à isoler *la manière* dont ils sont rendus présents et vivants par les jeux de lumière et le traitement des apparences ; c'est le signe que Hegel, dans son rapport à la peinture, ne se situe plus dans le cadre de la norme représentative mais trouve dans l'autonomie des apparences du tableau la production d'un équivalent proprement pictural à la liberté politique et économique conquise par les Hollandais. La peinture qui n'est plus destinée à raconter mais à exprimer, n'a pas à imiter mais à traduire pour son propre compte et avec ses moyens ce qu'il en est d'une libération dans l'ordre des apparences capable d'exprimer la joie d'une liberté conquise de haute lutte. Loin que l'indifférence au sujet signifie la purification d'une peinture qui n'aurait plus affaire qu'à elle-même, le contraste de la beauté des apparences et du prosaïsme du sujet a pour effet d'en rendre visible la teneur éthique et politique :

> la liberté hollandaise se signifie, elle, dans l'indifférence du traitement des apparences à l'égard de la vulgarité des sujets. Mais ce traitement "indifférent" fait voir le contenu spirituel de ces sujets : la liberté d'un peuple qui s'est donné lui-même son cadre de vie et sa prospérité, et peut donc jouir avec "insouciance de ce décor …" [2].

Pour Hegel relu par Jacques Rancière, l'autonomie de la peinture ne prend sens que de son hétéronomie, sauf à verser dans une esthétisation vide, et l'esthétique devient l'autre nom de la politique comme surgissement et manifestation d'un nouveau sujet. L'œuvre, en effet, ne s'inspire plus du génie de l'artiste mais du génie du

---

1. J. Rancière, « La peinture dans le texte », dans *Le destin des images*, Paris, La Fabrique, 2003, p. 88-89.
2. J. Rancière, *Aisthesis. Scènes du régime esthétique de l'art, op. cit.*, p. 54.

peuple, nouveau médium qui soulève et bouleverse le monde des apparences. D'un autre côté, Jacques Rancière voit dans l'analyse hégélienne bien plus que l'interprétation tardive d'une nouveauté picturale puisqu'il y décèle l'élaboration d'un nouveau regard, d'une nouvelle scène qui rendra possible et visible une peinture à venir : « une peinture nouvelle, c'est une peinture qui s'offre à un regard formé à voir autrement, formé à voir le pictural apparaître sur la surface représentative, sous la représentation »[1]. Avant le changement dans la peinture, le précédant, il y a le changement de regard. L'après-coup de la lecture hégélienne est en fait l'annonce d'un futur ; elle ne découvre pas sur le tard la nouveauté de la peinture hollandaise, elle invente à son propos un nouveau regard à longue portée dont l'art des XIXe et XXe siècles sera l'héritier fécond. Moyennant l'apport de l'archéologie foucaldienne, Jacques Rancière inscrit sa démarche dans le programme d'une esthétique au sens kantien, celui d'une critique qui interroge les conditions de l'expérience sensible et postule que le visible n'est pas donné sans être produit dans des régimes de visibilité dissemblables.

« Une peinture nouvelle, c'est une peinture qui s'offre à un regard formé à voir autrement … ». Jacques Rancière en veut pour preuve la lecture hégélienne de la peinture hollandaise qui, inchangée, devient autre sous le regard du philosophe qui en détaille les valeurs proprement picturales plutôt que les figures ressemblantes. Phénomène bien connu en historie de l'art, et en histoire tout court, une œuvre, une époque artistique sont « revues » à neuf à la lumière de connaissances nouvelles et de sensibilités différentes ; méprisée du Grand siècle, la peinture hollandaise sera réévaluée par l'impressionnisme. Mais ce qui vaut pour le passé vaut-il pour l'avenir et l'impressionnisme n'est-il que le prolongement de ce qu'est devenue la peinture hollandaise ? Jacques Rancière note à juste titre que la relecture hégélienne ne vaut pas seulement pour

---

1. J. Rancière, « La peinture dans le texte », *op. cit.*, p. 91.

la peinture hollandaise, qu'elle est également l'occasion pour Hegel d'en extraire un « propre de la peinture en général » qu'il résume ainsi : « la peinture, en effet, est l'art qui ne se contente pas de décrire les choses, comme les poètes, mais les fait voir »[1]. Mais la thèse de Jacques Rancière est précisément que la peinture ne fait rien voir sans les mots pour dire, non pas tant ce qu'elle montre que ce qu'il en est du caractère de monstration de la peinture elle-même, que par conséquent elle ne se signe pas elle-même. Ce qu'elle montre doit être démontré par les mots, ce qu'elle montre doit être reconnu et renommé, au sens où la renommée engage une déclaration qui désigne à l'attention et à la faveur du public. Voir le tableau, c'est le *revoir* à la pointe des mots qui l'extraient du monde commun de la perception naturelle et des usages familiers. S'il n'y a de nouveauté en peinture que pour « un regard formé à voir autrement », elle n'a pas vocation à provoquer ce changement de regard. Ce n'est pas la peinture hollandaise qui a changé notre regard mais Hegel avec ses mots et ses subtiles analyses qui nous aura appris à la voir. « La peinture dans le texte », cela ne veut aucunement dire pour Jacques Rancière la peinture comme prétexte mais cela veut bien dire qu'elle ne fait art et sens que par la relève d'un texte qui en dit la nouveauté et l'inscrit dans le contexte qu'elle révèle. Le changement lui vient d'ailleurs, d'un dehors qui change la teneur et la valeur des apparences, celui de la politique des mots qui déplacent les sujets et leurs visions des choses par subversion d'un ordre installé.

On ne discutera pas le fait incontestable qu'un regard s'apprend et se forme, notamment par les mots et des lectures, mais qu'il en aille par principe toujours ainsi. La peinture en effet ne montre pas sans se faire voir dans des dispositifs qu'elle crée, qui tirent l'œil et forcent l'attention, elle peut donc initier une mutation du regard dont il reviendra à une critique vigilante et avisée

---

1. J. Rancière, *Aisthesis, op. cit.*, p. 53.

d'enregistrer les effets. S'il faut sortir de la peinture, c'est pour y revenir comme milieu où viennent jouer des forces, lieu d'une exposition au dehors, comme une toile de Pollock qui sort de son cadre et se met à danser. Si, d'un point de vue archéologique ou épistémique, la thèse de Jacques Rancière se tient selon laquelle la peinture ne saurait faire exception au régime d'art, éthique, représentatif ou esthétique dont elle participe avec les autres arts, ainsi qu'avec les pratiques et les discours, comme composantes de la scène du visible, on ne voit pas pourquoi la mise en scène et le réglage des rapports entre ces composantes reviendrait toujours, en dernière instance, au discours. D'un côté, la peinture est pensée à égalité et en interaction avec les autres arts et pratiques, rendue à l'indétermination de leur espace de composition, ce qui exclut son autonomisation moderniste au sens d'un retrait dans la pureté de son médium, d'un autre côté elle ne s'éclaire finalement que des mots qui en identifient l'opération, cas de Hegel avec sa révision de la peinture hollandaise, quand il ne leur revient pas, purement et simplement, de la rendre possible sur le modèle de l'invention de l'art à l'âge esthétique, Balzac, Stendhal et Flaubert et quelques autres substituant à l'ancien espace représentatif d'une histoire l'espace sémiotique d'un nouveau regard déchiffreur de signes aléatoires. La visibilité est d'abord pour lui affaire de mots, car si ce sont eux qui orchestrent le réglage des composantes hétérogènes propres à chaque régime d'art, ils n'y parviennent qu'à fonder l'équivalence des traits et couleurs de la peinture avec les signes muets de la littérature. Sous les figures reconnaissables du tableau, sous les entités nommables du roman, une même surface, une même texture de signes entrecroisés trame le tissu des vies anonymes ; dès lors, la casquette du jeune Charles Bovary vaut celle du facteur Joseph Roulin (1888) par Van Gogh, non qu'elles montrent la même chose, mais qu'elles le fassent d'une manière semblable comme signe muet d'une vie déposée dans le pli des choses.

Mais la peinture ne s'arrête pas à cette équivalence des figures, moyennant leur interprétation dans un médium ou un autre. Quels rapports entre la scène d'ouverture de *Madame Bovary*, celle de l'entrée du jeune Charles Bovary dans une salle de classe de province où moins par son arrivée impromptue que par son étrange accoutrement il fait tache dans le tableau, et le solide portrait du facteur en vareuse bleu foncé s'enlevant lumineusement sur le jaune-vert uniforme du fond ? Que dans son roman Flaubert dépeigne à plusieurs reprises de magnifiques tableaux littéraires qui parlent à l'imagination de son lecteur est une chose, quant à les peindre, c'en est une autre. Leur manquera toujours l'intensité rayonnante de la couleur qui émane de la masse tranquille et bonhomme du portrait de Van Gogh. Il n'est pas ici question du supplément de présence qui soulèverait la représentation et singulariserait la peinture par rapport à la littérature, d'autant moins qu'à tout prendre ce portrait s'apparente davantage aux images d'Epinal qu'aux épiphanies de l'apparaître. Il n'est question que de la puissance des matières dont une image est formée à exprimer et projeter visuellement la force d'une personnalité que Van Gogh n'hésitait pas à comparer à Socrate et à Dostoïevski, et plus généralement à un type physique russe, ce qui offre un biais pour un rapprochement avec l'icône byzantine auquel ne peut manquer de faire penser, insituable et uniformément lumineux, son fond irradiant et radieux. Van Gogh a moins cherché à rendre la présence du facteur Joseph Roulin qu'à l'élever, simple, sage et saint, à la dignité moderne d'une image populaire.

Si, fable dont Jacques Rancière fait justice, la peinture n'est pas prescrite par son médium prétendument libéré, depuis son « tournant moderniste », de la tutelle représentative, elle n'est pas pour autant sous la coupe des mots qui « se font eux-mêmes images pour faire bouger les figures du tableau, pour construire cette surface de conversion, cette surface des formes-signes qui est le véritable médium de la peinture – un médium qui ne s'identifie à la propriété d'aucun support ni d'aucun matériau » [1]. Quand bien même, il n'est pas interdit de voir dans les portraits de la famille Roulin, père, mère, enfants réunis [2], une version moderne de la Sainte Famille, voire une évocation de la famille de Vincent, son facteur Roulin ne se réduit pas à la forme-signe de l'idée de famille, particulièrement celle tutélaire du père, parce que jamais peints, précisément, en famille, toujours seuls dans la force d'une expression et d'un style singuliers dont la couleur, celle du fond notamment. Sanglé dans son uniforme bleu des postes, le facteur Roulin, calme bloc de soleil ici-bas, force qui diffuse dans le tableau.

Leçon de Jacques Rancière, il ne sera donc pas question dans les textes qui suivent, sans pour autant se suivre, d'une peinture circonscrite dans ses frontières et dans la sécurité d'un territoire qui lui serait échu de nature ou qu'une philosophie spéculative lui aurait alloué. Plutôt que de l'attraper, cerner, définir, et sans doute immobiliser, dans une essence déclinée dans l'ordre de ses attributs constitutifs et invariables, la peinture sera saisie par le milieu, sans l'assurance d'un bord par où la prendre, l'arrêter ou la faire commencer. Par le milieu, c'est-à-dire aussi par ce qu'elle fait et par ce qui se dit de ce qu'elle fait. En négociations tendues avec ses autres et son dehors, les autres arts et les situations variées qu'elle inscrit dans ses trajectoires, ses bifurcations et ses ruptures. En devenir.

---

1. J. Rancière, « La peinture dans le texte », *op. cit.*, p. 99-100.
2. Entre 1888 et 1889, Van Gogh a peint plusieurs portraits des cinq membres de la famille.

# chapitre premier
## profession : médium

## portrait de l'artiste en médium (Duchamp)

« Rose is a rose is a rose is a rose »[1], mais Rrose Sélavy ? Il s'agit, tout le monde le sait, d'un portrait photographique de Marcel Duchamp par Man Ray (1921) et sans doute, peut-on dire, d'un ready-made de Duchamp si on soutient avec Rosalind Krauss[2] que la photographie est l'archétype du ready-made : Duchamp tout prêt, tel qu'en lui-même, saisi, pris sur le vif par l'appareil et son photographe. Remarquons que du ready-made à Man Ray, il n'y a pas si loin qu'un petit subterfuge lettriste ne parvienne à les mettre en miroir (RM / MR) avec, à la clé, surgie de cette mise en abyme, la question : de qui est-ce le portrait ? Portrait de Marcel

---

1. Vers de *Sacred Emily*, poème de Gertrud Stein (1913).
2. R. Krauss, « Notes sur l'index. L'art des années 1970 aux Etats-Unis », trad. fr. dans la revue *Macula 5/6*, Paris, 1979, p. 165-175 ; notamment ce passage : « Le parallèle entre la photographie et le readymade est renforcé par le processus de production de celui-ci. Il s'agit chaque fois de transposer physiquement un objet hors du continuum de la réalité jusqu'à répondre aux conditions précises dont relève l'image artistique, – et cela par isolation ou sélection. », p. 168.

Duchamp, au sens du génitif objectif renforcé par l'objectivité alléguée de la prise de vue photographique, donc portrait de Marcel Duchamp par Man Ray, ou au sens subjectif du portrait que Marcel Duchamp ferait de lui-même par l'entremise de son ami, en position de jouer le rôle du retardateur automatique de l'appareil, portrait-miroir, comme il arrive souvent qu'en prennent d'eux-mêmes les photographes et en font encore les peintres (Lucian Freud), donc portrait-autoportrait de Marcel Duchamp ; ce qui serait assez conforme au destin de ce cliché, sans doute l'un des plus connus et peut-être le plus connu de Man Ray qui y a gagné une célébrité éclipsée ou du moins surpassée par la renommée de son modèle. Ce qui finit de tirer ce portrait vers l'autoportrait, c'est évidemment que Duchamp n'y figure pas tel qu'en lui-même, tel qu'on le connaît et le reconnaît sur de nombreux autres clichés mais grimé, travesti en femme : un ready-made apprêté par son modèle même. Loin de s'y laisser surprendre, il prend doublement la pose du modèle qui compose sa posture et son allure en se conformant à un type. Duchamp s'y montre moins qu'il ne s'y dé-montre, autre qu'en lui-même, féminisé mais trop sèchement pour ne pas être quelque peu androgyne, trans-sexué, trans-genres, entre genres. Drôle de genre, et drôle en effet de le voir sur-jouer avec tant de sérieux le mystérieux et profond regard sous le chapeau à large bord, col de fourrure remonté, mains déliées en corolle ornées de bijoux[1].

---

1. Marcel Duchamp raconte ainsi l'origine de son pseudonyme : « J'ai voulu [...] changer d'identité et la première idée qui m'est venue c'est de prendre un nom juif. J'étais catholique et c'était déjà un changement que de passer d'une religion à une autre ! Je n'ai pas trouvé de nom juif qui me plaise ou qui me tente, et tout d'un coup j'ai eu une idée : pourquoi ne pas changer de sexe ! Alors de là est venu le nom de RroseSélavy. Maintenant c'est peut-être très bien, les prénoms changent avec les époques mais Rrose était un prénom bêta en 1920. », dans P. Cabanne, *Entretiens avec Marcel Duchamp*, Paris, 1967, repris dans Marcel Duchamp, *Duchamp du signe*, textes réunis par M. Sanouillet et P. Matisse, Paris, Flammarion, 2013, p. 165.

Rrose Sélavy, c'est une médium, pas seulement du fait de son ambiguïté, également par évidente ressemblance avec ce personnage de fête foraine qui, sous une tente ou dans une cabine vitrée, prétend lire l'avenir ; pour cela, il vaut mieux ne pas trop ressembler à ceux qui viennent consulter l'oracle, avoir un air commun ne s'y prête guère, avoir l'air louche non plus, d'en savoir trop pas davantage, l'air énigmatique, sérieux et inspiré, venu d'ailleurs, fait plus l'affaire. Sous son nom en forme de slogan où rien de moins n'est promis que les roses de la vie, l'éros sel de la vie, la photographie de Man Ray s'imagine sans peine en réclame pour ce genre de pratique divinatoire. Rrose Sélavy ne se contente pas d'outrepasser les genres, elle fait aussi des passes de mains, de cartes, de prestidigitation pour livrer au client la clé perdue de son désir ; elle ne dit rien, ne sachant rien, qu'elle n'ait lu dans le jeu des lignes de la main, dans le verdict des cartes ou vu dans la boule de cristal, médium des vies égarées qui cherchent foi en l'avenir. Sa figure n'est pas de science mais de préscience de ce que la vie n'est pas toute entière donnée à elle-même dans la claire conscience et la ferme volonté, qu'elle se chiffre en énigmes inconscientes qui la trament de signes obscurs mais révélateurs. Rrose Sélavy, c'est un mot de passe, fût-il codé, voire pipé, pour une vie autre, ailleurs, autrement.

Au-delà de son passage transgenres et du changement de nom en forme des jeux de mots qu'il affectionnait, qu'advient-il de Duchamp à l'épreuve du bain révélateur et du médium photographiques ? Portrait-autoportrait, avons-nous dit pour commencer et pour accentuer le caractère très composé du cliché qui permet à Duchamp de se faire lui-même plus ready-made que le ready-made, en vue, peut-être, de déjouer le regard de celui qui, dit-il, fait le tableau : pas celui que vous vous attendez à voir mais celui qu'il lui plaît de vous faire voir, le regardé regardant à ce qu'on le regarde comme il l'entend. Aveu peut-être aussi, comme fait plus que le suggérer Paul B. Franklin, non pas tant d'une homosexualité que d'un rapport libéral à l'homosexualité[1]. Encore faut-il compter avec plusieurs éléments qui sont moins le fait de la pose du sujet que celui du travail photographique. L'éclairage dominant, venu de haut sur la droite, qui fait scintiller le col de fourrure au contact du cou et de l'épaule, met en lumière la coiffe du chapeau, les avant-bras et une partie du visage tandis que sous le bord du chapeau, une sorte de voile ombré creuse l'intensité du regard. Le cadrage avec le choix d'un portrait en diagonale décentré sur la droite et haut relevé dans le cadre sur fond gris sombre et diffus. Les retouches sur épreuve, par Duchamp lui-même, qui ont accentué la féminité des mains et, plus tard, l'ajout de la mèche de cheveux blonds qui s'échappe du chapeau, d'une bague sur la main gauche et d'une manche au-dessus de son poignet. Le trucage qui a permis que Germaine Everling, seconde femme de Picabia, se tienne renversée sous la tête de Duchamp et substituent ses bras aux siens, sans oublier le chapeau qu'elle lui avait prêté[2]. Portrait posé, composé et composite, pour le moins. De ces quatre éléments peut se conclure que le médium photographique ne s'est pas effacé pour se faire le simple reflet de son modèle, qu'il l'a produit, mis en lumière et mis en scène. Duchamp par un autre que lui-même : l'appareil, le dispositif de prise de vue, le regard de Man Ray, l'homme rayon (de lumière), pseudonyme lui aussi fait sur mesure. Ce qui revient à dire que c'est le médium qui a fait le travail, qu'entre la pose concertée et le cliché sélectionné s'est interposé un temps de pause où a joué l'inconscient machinique de l'obturateur allié à celui chimique d'une matière singulière, l'argentique, sensible à la lumière en

1. Paul B. Franklin, « Portrait d'un jeune poète en jeune homme bi : Pierre de Massot, Marcel Duchamp et l'héritage Dada », *Étant donné, Marcel Duchamp*, n°2, Baby (France), second semestre 1999.
2. J'emprunte tous ces détails à l'article de Paul B. Franklin.

fonction de la rapidité du film utilisé, du temps d'exposition et d'éventuels filtres. Duchamp interprété par Man Ray marié à une matière célibataire qui le passe au prisme de ses cristaux photosensibles. Duchamp, trois fois médium d'être entre genres, entre spirites, entre matières, d'être artiste.

Dans sa fameuse conférence prononcée à Houston en 1957 à l'occasion du colloque de la Société américaine des arts consacré à « l'acte créateur », Duchamp en a surpris plus d'un avec son portrait de l'artiste en médium : « Selon toutes apparences, l'artiste agit à la façon d'un être médiumnique qui, du labyrinthe par-delà le temps et l'espace, cherche son chemin vers une clairière » [1]. S'agirait-il, de la part d'un artiste éminemment intelligent et fin, de la vieille lune romantique selon laquelle l'artiste ne saurait pas bien ce qu'il fait, ni pourquoi ni comment, et ne réussirait son coup qu'à en ignorer le processus ? Paradoxe de l'artiste qui avancerait yeux fermés, du moins en partie, sur son but et ses moyens, à tâtons en direction de l'œuvre en gestation, seulement guidé par ce qu'il sent d'intuition mais ne sait pas. Aussi conscient qu'il soit de l'effet réprobateur que ce portrait d'un artiste aveugle avait toutes les chances de rencontrer dans le milieu artistique, il n'en démord pas et l'étaye de deux arguments d'ordre bien différent. D'ordre plus poïétique qu'esthétique, même s'il utilise ce dernier terme, le premier argument décrit l'acte créateur comme « une lutte vers la réalisation », contre soi-même autant que contre les matériaux travaillés, où s'enchaîne une multitude de décisions et de réactions subjectives qui sont vouées à rester « dans le domaine de l'intuition et ne peuvent être traduites en une self-analyse, parlée ou écrite ou même pensée ». De la boîte noire de la création sort une œuvre proprement inanticipable par quiconque, y compris par l'artiste dont l'intention initiale se voit déviée comme un

---

1. M. Duchamp, « Le processus créatif », dans Marcel Duchamp, *Duchamp du signe*, *op. cit.*, p. 205-208.

rayon de lumière par la matière résistante qui l'absorbe en partie et décomposée en une série d'opérations imprévues. Duchamp ne prétend pas que cette nuit de la création scelle à jamais son mystère, uniquement qu'elle est l'accompagnement inévitable de l'acte créateur dans le temps de son effectuation, sans interdire après-coup un retour réflexif et analytique sur les conditions de son invention et de son déroulement. C'est l'écart entre l'intention et l'œuvre résultante qui mesure ce que Duchamp appelle « le coefficient d'art », peut-être par analogie avec le coefficient de réflexion ou l'indice (terme qu'il utilise une fois) de réfraction en optique[1]. La création se jouerait dans le suspens spatial et temporel qui sépare le « je » intentionnel de l'artiste du « jeu » inintentionnel ou inconscient avec les matériaux, entre le projet et le jet de l'œuvre. Le second argument sur lequel nous reviendrons plus tard est, lui, proprement esthétique et concerne l'appréciation de l'œuvre en terme de valeur ; il met en jeu le regard et le goût du spectateur et, plus largement, de son époque et de sa société, avec l'idée qu'il participe par son jugement à la co-création de l'œuvre. Le coefficient serait la valeur d'usage de l'œuvre qui la qualifie comme art, bon ou mauvais, l'appréciation esthétique en serait la valeur d'échange exprimée, variablement dans l'espace et le temps, dans la sphère public du goût ; sans lien de détermination entre les deux : « l'indice de ce coefficient [d'art] n'a aucune influence sur le verdict du spectateur », manière de dire que le jugement n'a rien à voir avec le « fait » d'art, que s'y reflètent plutôt les valeurs d'une société, seule responsable de la « bascule esthétique » déterminant « le poids de l'œuvre ».

Si Duchamp étonne par sa façon de mixer sans vergogne les références à la science et à l'alchimie – « médium », « transfert »,

---

1. Le coefficient de réflexion exprime le rapport entre la quantité d'énergie lumineuse réfléchie par une surface et la quantité qu'elle reçoit. L'indice de réfraction mesure la déviation angulaire d'un rayon traversant un milieu quelconque.

« osmose », « coefficient d'art », « relation arithmétique », « indice »,
« transmutation », « transsubstantiation », « bascule esthétique »
–, il s'agit moins d'en être choqué pour lui faire un procès en
rigueur que d'en ressaisir l'intention et l'enjeu : que veut-t-il dire,
où veut-il en venir en le disant avec ces mots-là qui se glissent
entre et se tissent dans des registres hétérogènes ? Que ce soit dans
le registre alchimiste où s'entend un écho de la quête initiatique
du Grand Œuvre au terme duquel un matériau vulgaire est censé
transmuter en or, garant d'inaltérable jeunesse et d'immortalité,
ou dans le registre scientifique de la transmutation chimique d'un
élément en un autre par transformation de son noyau atomique,
c'est le caractère problématique de l'œuvre d'art, et même de l'art
tout court, qui est visé, avec une question pragmatique, « qu'est-ce
que fait une œuvre d'art ? », plutôt que d'essence, « qu'est-ce que
l'œuvre d'art ? », comme chez Heidegger. Plus profondément,
c'est de savoir comment l'œuvre prend vie et, au-delà, comment
l'artiste survit dans la postérité, voire revit à l'occasion d'une
redécouverte ou d'une réévaluation de son œuvre, qui importe
plus que tout ; c'est le sens des évocations à deux reprises de « la
matière inerte », occasion d'une « osmose esthétique » ou d'« une
véritable transsubstantiation ». Quant à l'horizon de cette
interrogation, il s'annonce sur fond d'une inquiétude nourrie par
l'entropie de l'art en perte d'« aura » sous le coup de sa généralisation/
marchandisation, avec le brouillage des frontières entre l'art et la
vie qui en résulte, mais non moins dans la perspective d'une
solution qui consisterait en une transvaluation de la vie même en
art. Le prélèvement/détournement de l'objet « ready-made » en
serait le premier exemple et *Fountain* l'archétype, son objet, son
titre aussi bien que sa signature, « R. Mutt », réversible en « Mutter »
(en allemand mère), par son évocation de la mythique et mystique
fontaine de jouvence.

La réponse de Duchamp s'articule en trois temps : pourquoi, comment, quand ? Au pourquoi répond l'intention ou prétention artiste, le *Kunstwollen*, le vouloir artistique de Riegl, son idée, fût-elle vague comme le recommandait Picasso, ou, sous forme plus précise, son projet. Le comment engage une poïétique de l'acte créateur très proche de la conception de Paul Valéry qui en a introduit le mot et l'idée dans le champ de la théorie de l'art[1]. La question du moment, ou quand, se trouverait dans l'idée d'une co-création de l'artiste et du spectateur, voire dans la promotion de celui-ci en regardeur qui fait l'œuvre[2]. Il peut se faire que l'intention anticipe le résultat visé mais dans la mesure où, pour parler le langage kantien, les moyens de sa réalisation ne s'en déduisent pas, elle relève de l'intuition, éventuellement en forme de certitude, et non du concept ; comme le dit Francis Bacon « je sais ce que je veux faire, mais je ne sais pas comment le faire »[3]. Comment faire ce qu'on ne sait pas faire et qu'il y a toute nécessité de faire ? Telle est la question qui engage très concrètement le travail de l'artiste marqué par une attente et un désir sans nom, un à venir sans chemin pour y mener sûrement, sans « discours de la méthode ». Il faut donc risquer l'égarement :

> le travail de l'artiste, même dans la partie toute mentale de ce travail, ne peut se réduire à des opérations de pensée directrice. D'une part, la matière, les moyens, le moment même, et toute une foule d'accidents (lesquels caractérisent le réel, au moins pour le non-philosophe) introduisent dans la fabrication de l'ouvrage une quantité de

---

1. Paul Valéry introduit le terme de « poïétique », sans toutefois le retenir, dans la leçon inaugurale de son « Cours de Poétique » au Collège de France le 10 décembre 1937, *cf.* « Première leçon du cours de poétique », dans *Œuvres*, « Bibliothèque de la la Pléiade », tome I, Paris, Gallimard, 1957, p. 1342.
2. « Ce sont les REGARDEURS qui font les tableaux », interview par Jean Schuster, 1957, dans M. Duchamp, *Duchamp du signe, op. cit.*, p. 273.
3. F. Bacon, *L'art de l'impossible. Entretiens avec David Sylvester*, tome II, Genève, Skira, 1976, p. 66.

conditions qui, non seulement, importent de l'imprévu et de l'indéterminé dans le drame de la création, mais encore concourent à le rendre rationnellement inconcevable, car elles l'engagent dans le domaine des choses, où il se fait *chose* ; et de pensable, devient sensible [1].

L'analyse de Valéry relève le caractère nécessairement aléatoire du travail de l'artiste, risque et condition de sa fécondité, sans lequel il ne ferait pas acte de création mais preuve, simplement, de savoir-faire ou de talent. La création est au prix d'une déroute, d'un lâcher-prise qui perd le fil de l'idée dans l'espoir de la retrouver naissante et neuve, autre, dans la compagnie sensible des choses. Même si Valéry insiste davantage sur le travail et l'intromission dans le monde des choses, c'est ici que le lien avec Duchamp opère, lorsqu'il prête à l'artiste « les attributs d'un médium ». C'est qu'en effet le médium ne fait pas ce qu'il veut et qu'à se tenir entre lui-même, son intention, et le monde des choses et des signes où il procède par tâtonnements et essais, multipliant « décisions » et « réactions », il finit par donner naissance à un autre que lui-même ; car c'est de cela qu'il s'agit, faire naître et non pas faire quelques chose qui serait à l'image d'un modèle quel qu'il soit. Commentant la première leçon du cours de poétique de Valéry, Jean-François Lyotard évoque « un dessaisissement et une passibilité en attente de leur fin » et poursuit « quelque chose se *veut* dans cette attente. Non pas selon le régime de l'action volontaire, où c'est *moi* qui veut. Quelque chose se veut qui n'est pas moi, qui n'est pas non plus l'objet fini, lequel devient aussitôt le simple référent de cognitions ou d'interprétation possibles » [2]. L'artiste-médium est saisi, pris dans et par cela même qui le dessaisit.

Autre élément d'importance dans l'analyse de Valéry, à côté de l'évocation de la matière travaillée et des moyens mis en œuvre,

---

1. P. Valéry, « Première leçon du cours de poétique », *op. cit.*, p. 1306-1307.
2. J.-Fr. Lyotard, « Désordre », dans *Lectures d'enfance*, Paris, Galilée, 1991, p. 120.

le rôle joué par les « accidents », avec cette précision, non dépourvue de malice, « … (lesquels caractérisent le réel, au moins pour le non-philosophe) ». Qu'elle soit jugée par lui, non sans raison au regard d'une tradition dominante, à l'aune d'une logique ignorante des accidents en dit long sur le rapport idéel de la philosophie au réel et donne argument pour distinguer du concept de création *ex nihilo* la version du processus créateur développée par Valéry ; l'artiste s'y montre moins soucieux de pure logique que de *faire avec* les surgissements imprévus du réel rencontré ou provoqué. Accident, si le mot ne figure pas dans la conférence de Duchamp, l'idée n'en est pas loin dans sa description de « la lutte vers la réalisation » comme « une série d'efforts, de douleurs, de satisfactions, de refus, de décisions ». L'accident, ce qui arrive ou résiste au programme, de quelque provenance que ce soit, du dehors ou du dedans, tire l'idée de son obsession dogmatique, la dévie sur les voies du réel où elle trouve l'occasion de se faire voir, entendre, sentir, à moins de fondre comme neige au soleil sous l'intensité d'une sensation. Comme le dit Valéry, l'art ne fait œuvre qu'à s'immiscer dans « le domaine des choses » et le « ready-made » duchampien en est le parfait exemple ; moins d'ailleurs par travail que par appropriation, roue de bicyclette, porte-bouteilles ou urinoir où, moyennant translation de l'espace utilitaire aux lieux de l'art, c'est de la chose même qu'il fait acte dans son exposition. Si l'artiste est un médium, ce n'est pas d'une idée, la sienne ou celle d'un autre, fût-il grand Autre, mais du médium lui-même auquel il se confronte et qu'il interroge dans sa pratique. De son travail, de ses matériaux, de leurs puissances et de leurs textures singulières, de ses outils et de ses gestes, des obstacles et des accidents, de ses oublis et de ses échecs, il reçoit des questions précises, des suggestions directes ou indirectes, des refus, des déviations, des bifurcations inattendues qui le mettent sur la voie de l'effet désiré, de la « clairière » (Duchamp) où l'évidence de l'œuvre s'impose à lui et aux autres.

Francis Bacon, qui se réfère à la conférence de Duchamp, n'hésite pas à s'approprier la figure du médium pour définir sa pratique et sa position de peintre : « je pense toujours à moi, non pas tant comme à un peintre que comme à un médium de l'accident et du hasard », ajoutant « je ne pense pas que je suis doué. Seulement que je suis réceptif » [1], non sans avoir évoqué « la lutte continuelle entre l'accident et la critique » [2] qui est la condition de cette réceptivité aux énergies du dehors qui passe à la fois par le refus des images toutes faites ou trop faciles et la sélection draconienne de celles susceptibles d'en produire incessamment la sensation. On comprend alors, au moins dans le cas de Bacon dont nombre de remarques vont dans ce sens, que le médium ne renvoie pas à un souffle venu d'ailleurs, d'outre-tombe ou d'outre-monde, qu'il ne s'agit nullement d'inspiration mais d'un branchement – il parle tantôt d'« enregistrement » tantôt de « reportage » – sur le réel pour en recevoir et en restituer sensiblement la force. C'est du réel que l'artiste se fait le médium, celui de ses matériaux dont il tire une matière élaborée capable de transfigurer, autrement dit de faire passer dans et par la peinture, ce qui l'a affecté pour le porter à sa pleine puissance.

De la vie, suite liée d'accidents, l'art a rêvé de faire la nécessité d'une sur-vie, en rupture de cause et d'idée, comme une nouvelle venue au monde toujours recommencée, « mariée mise à nu par ses célibataires mêmes ». Quand un artiste s'exprime sur les intentions qui ont inspiré, guidé, voire commandé son œuvre, et plus généralement sur le processus créateur, non seulement, étant aux avant-postes de la création, il est fondé à en parler plus que tout autre mais il est bienvenu et recommandé de l'écouter et de le lire avec attention. Mais quand Duchamp, et Bacon qui le reprend sur ce point, parlent de l'artiste en médium, comme celui

---

1. F. Bacon, *L'art de l'impossible, op. cit.*, vol. II, p. 131.
2. *Ibid.*, p. 103.

qui ne s'appartient pas dans le vif de l'acte créateur, parce qu'à l'œuvre de ce qui y arrive d'imprévisible, y a-t-il à le prendre pour argent comptant ou n'y a-t-il pas à y ajouter une pincée de sel critique?

Bacon est lui-même ce critique quand il détruit des tableaux insatisfaisants, quand, pour mettre sous tension un tableau en cours, il jette une coulée de peinture sur des aplats trop calmes; ces gestes indiquent plus qu'un état de réceptivité au réel, ils le produisent, en tout cas l'induisent en direction d'une intention, d'une volonté affirmées : « je sais ce que je veux faire, mais je ne sais pas comment le faire ». Il est demandé au « domaine des choses » qui échappe à la maîtrise de l'artiste de venir par hasard – comme par hasard? – à la rencontre de son intention. Le modèle qui s'impose ici pour penser la mise en œuvre de l'intention dans le monde des choses, c'est celui du jeu de hasard : quand je jette les dés, je m'abandonne certes au hasard mais c'est dans l'espoir qu'il vienne à moi et me parle, car je sais que le jeu pour être hasardeux n'est pas arbitraire et que, comme le dé à six faces, il pourrait bien « rouler » pour moi. Le « je » de l'intention demande au « jeu » du hasard de le choisir, autrement dit de faire l'appoint de ce qui lui manque pour se réaliser : Bacon n'était pas pour rien un adepte passionné des tables de jeux des Casinos. Pour revenir à sa peinture, il n'était pas médium sans être critique de ce que le hasard, très préparé par l'appareil de son tableau, lui offrirait, il risquait l'intention pour gagner le tableau.

Dans un article admiratif mais très dubitatif consacré au livre de Deleuze, *Francis Bacon. Logique de la sensation*, Jean-Louis Schefer interroge les propos de Bacon, leur degré de littéralité et le crédit à leur apporter :

> La crudité, l'immédiateté, la prise, la saisie sont des choses auxquelles je ne crois pas dans la peinture de Francis Bacon. Ces effets (le

discours a cette cohérence de se tenir à eux comme à des opérateurs) appartiennent pour une grande part à l'*intention* de signifier de la part du peintre[1].

N'y a-t-il pas une sur-signification de l'accident dans le discours de Bacon qui, aussi nécessaire qu'il soit pour sa pratique, pourrait bien occulter d'autres aspects et effets de sa peinture ? Et tenir le discours de l'inintentionnel, n'est-ce pas encore en rester au registre de l'intentionnalité ? Bacon veut qu'il y ait du hasard et de l'accidentel dans ses tableaux pour donner force vive aux figures, n'est-ce pas au contraire une étrange distance et immobilité qui les tiennent en suspens de mouvement et de récit dans ce que Jean-Louis Schefer appelle une « tournure fixée » ? Comment séparer le tableau de son interprétation, du degré de croyance qu'il emporte pour le spectateur en fonction de ce qui résonne en lui du tableau ? Bacon, dans sa référence à la conférence de Duchamp, n'en mentionne pas l'autre dimension qui noue à la figure du médium celle du spectateur :

> comment peut-on décrire le phénomène qui amène le spectateur à réagir devant une œuvre d'art ? En d'autres termes, comment se produit-elle ? Ce phénomène peut être comparé à un transfert de l'artiste au spectateur sous la forme d'une osmose esthétique qui a lieu à travers la matière inerte : couleur, piano, marbre, etc.

Si l'œuvre échappe à son auteur, ce n'est pas seulement par ignorance pour partie du processus qui l'y conduit, c'est aussi qu'elle se double d'un versant esthétique qui la soumet à « la bascule » du spectateur et, au-delà, de la postérité : « somme toute, l'artiste n'est pas seul à accomplir l'acte de création ». Mais Duchamp, à son tour, fait-il, dans son art, ce qu'il dit qu'il ne peut pas faire, à savoir réaliser une intention dont il serait maître ?

---

1. J.-L. Schefer, « Le vague au corps », *Artstudio*, « Spécial Francis Bacon », n° 17, Paris, été 1990, p. 14.

Et ne joue-t-il pas un tour à ceux qui l'en croient ? Car, à considérer le « ready-made », on ne voit pas qu'il passe par « une lutte pour la réalisation » ni qu'il s'en remette à la bascule esthétique du spectateur du soin d'en apprécier la valeur, sauf précisément à l'affoler ; ce dont, bien évidemment, il ne pouvait douter puisque *fait pour*. Un ready-made fait exprès. S'il en était besoin, en voici l'aveu par Duchamp lui-même : « je considère le goût – bon ou mauvais – comme le plus grand ennemi de l'art. Dans ce cas du ready-made, j'ai essayé de rester à l'écart du goût personnel et *d'être pleinement conscient du problème* » [1]. Pour autant, Duchamp n'est nullement un tricheur, juste, ce qu'il était au jeu d'échecs, un grand joueur avec plus d'un tour dans son sac à malices.

Au terme d'une enquête fouillée fondée sur les différentes déclarations publiques et privées, à différentes époques, de Duchamp et de ses proches, Dominique Chateau fait remarquer que l'appréciation esthétique de *Fountain*, en version moderniste de la sculpture, n'a pourtant pas manqué dans le cercle new-yorkais de Duchamp et peut-être de la part de Duchamp lui-même qui n'aurait élaboré sa version d'une indifférence esthétique du « ready-made » qu'après-coup [2]. Mais dans les deux versions, esthétique ou pas, Duchamp n'en aura voulu faire qu'à sa tête ou à son idée, non sans laisser en prime un doute sur ce qu'il a effectivement fait … au regardeur indécis d'en décider !

Et si dans ce tour de passe-passe duchampien se rejouait, à l'ère sombre de la marchandisation de l'art et des discours sur sa fin, l'énigme de l'œuvre ? Dans ce cas, il n'y aurait qu'une chose à dire : bien joué l'artiste !

---

1. « Entretien avec Marcel Duchamp », dans Katherine Kuh, *The Artist's Voice : Talks with Seventeen Modern Artists*, New York, Harper & Row, 1962, p. 90-92
2. D. Chateau, *Duchamp et Duchamp*, Paris, L'Harmattan, 1999, chap. i.

# la diseuse de bonne aventure (Caravage)

Sur fond neutre, le tableau montre deux personnages, à droite un jeune et gracieux gentilhomme, à gauche une belle jeune femme; elle lui tient la main droite dont elle effleure la paume du bout des doigts; léger sourire aux lèvres, ils se regardent. Un couple d'amoureux qui ne disent mot et s'adonnent aux caresses? C'est à voir. Ils ne sont pas face à face, lui se tient de trois quart face, tourné vers elle à ses côtés, elle aussi tournée vers lui de trois quart, légèrement en retrait; ainsi liés l'un à l'autre, ils forment une sorte de ligne brisée, Z largement ouvert, torsion qui les sépare non sans les faire légèrement basculer l'un vers l'autre. C'est cette torsion que dessine somptueusement la courbe ondoyante qui partie de la main gantée du jeune homme en appui sur sa hanche passe par la manche bouffante de son bras gauche, jusqu'à se propager, via leurs mains à peine jointes, au bras droit de la jeune femme recouvert d'une fine étoffe blanche. Cette onde ouvre le circuit d'une interrogation qu'on retrouve dans leurs regards, confiants certes mais non dépourvus d'expectative; et c'est pourquoi, sans doute, ils se regardent en coin, comme d'un autre bord. Des amoureux en quête d'aveux? Il pourrait bien s'agir d'amour mais il y a la disparité de leur situation, visibles à la différence de leurs vêtements, celui du jeune homme élégant et ostentatoirement luxueux, celui de la jeune femme non sans beauté mais beaucoup plus simple, sans qu'il y ait là pour autant un impossible qui se dresserait entre eux; il y a surtout que l'interrogation semble plutôt venir de lui, du fait de l'éclairage du tableau qui ne fait que passer sur elle avant de s'arrêter à lui. Il interroge et peut-être lui parle-t-elle, à en juger par ses lèvres légèrement entrouvertes, de ce qu'elle sent de son index effleurant la paume de sa main. Ce mouvement de l'index n'a rien d'une caresse s'abandonnant à l'émotion du contact, il a tout du pointeur qui indique quelque chose pour le désigner à l'attention ou pour l'interroger, comme le doigt du lecteur suit le fil d'un texte à déchiffrer. C'est bien de cela qu'il s'agit, d'une lecture ; il lui abandonne sa main en confiance pour qu'elle, diseuse de bonne aventure, lui lise les lignes de la main et prédise son avenir, notamment amoureux. Voilà la scène : un gentilhomme italien demande à une femme du peuple de lui donner des gages de son avenir, et il le fait parce qu'elle est femme, qu'elle est du peuple, qui plus est bohémienne, ou, comme il se disait à l'époque de ce tableau, égyptienne ; autrement dit parce qu'elle est autre de détenir un savoir ésotérique sur l'amour, comme la prêtresse Diotime dans le *Banquet* de Platon qui initie Socrate au mystère de l'amour. L'échange de regards est fait pour donner confiance et donner consistance à la croyance dont les deux personnages sont, chacun à leur place et dans leur rôle, des acteurs, et on peut supposer que s'agissant d'une jeune femme charmante, elle soit d'autant plus facile à gagner ; à moins que de son côté, le jeune homme ait des vues sur elle et prenne prétexte de sa qualité pour entrer en contact avec elle. Reste un détail du tableau que seul un examen perspicace permet de déceler ; tandis que, yeux dans les yeux avec son client dont elle fixe l'attention, l'habile Bohémienne opère sa palpation, elle lui soustrait furtivement la bague qu'il porte à l'un de ses doigts. Et c'est sans doute pour orienter *in fine* le regard du spectateur sur ce détail, en quelque sorte sa chute, que le tableau est cadré serré, jeu de mains au premier plan dans l'entrelacs des courbes dont il constitue le centre invisible, sans doute pour cela qu'il se concentre sur un fond indistinct, sans décor de distraction, juste semé de zones d'ombres et de lumière. Avec sa mise en scène des postures, des regards, des lignes, des ombres et des lumières, le tableau orchestre en grand, mais dans un espace très resserré, la partie de dupes qui se joue en mineur et en catimini, du bout des doigts, entre une main confiante, paume largement ouverte en attente de lumière, et une autre qui s'abrite de l'ombre pour aboutir à ses fins.

L'erreur serait de réduire le magnifique tableau du Caravage qui vient d'être évoqué, *La diseuse de bonne aventure* (1595), à une peinture de genre, qu'il a, de fait, largement contribué à établir, pour ne pas voir et recevoir ce qu'il enseigne de la peinture par la peinture. En quelque sorte, une histoire de médium par son médium même, une histoire de médium, avec son sujet explicite, et par son médium, avec la matière et la manière baroques du peintre ; avec en fin de compte cette question : n'y aurait-il pas dans l'art de la peinture quelque chose qui l'apparenterait à l'art de la diseuse de bonne aventure et qui aurait à voir avec un apprentissage du regard ?

Henriette Asséo, grande spécialiste du monde tzigane, a démontré l'existence de ce qu'elle appelle « un moment égyptien » dans la culture de cour française aux XVIIᵉ et XVIIIᵉ siècles [1], elle relève sur cette période la fréquence et l'importance de la figure de la Bohémienne devineresse, ou Egyptienne, dans pas moins de trente opéras pour montrer, documents à l'appui, qu'elle transpose esthétiquement une condition bohémienne ambigüe, d'un côté objet de fascination et de protection de la part des cours seigneuriales et princières, de l'autre soumise à des contrôles de police. Cette vogue s'est traduite en peinture par une bonne centaine de tableaux qui, du XVIᵉ au XIXᵉ siècle, font de « la diseuse de bonne aventure » leur sujet de prédilection ; parmi les plus notoires, outre celui du Caravage dont il existe une autre version, citons ceux de Simon Vouet (1590), Valentin de Boulogne (1591), Georges de la Tour

1. H. Asséo, « Travestissement et divertissement. Bohémiens et Égyptiens à l'époque moderne », *Les Dossiers du Grihl* [En ligne], 2009-02 | 2009, mis en ligne le 15 janvier 2010 : http://dossiersgrihl.revues.org/3680 ; DOI:10.4000/dossiersgrihl.3680

(1632), Jan Josefsz Van Goyen (1633), Jean-Baptiste Pater (1695), Pietro Longhi (1702), François Boucher (1703), Louis David (1821), Léopold Robert (1820). S'appuyant sur le tableau du Caravage et une documentation qui permet de l'inscrire dans son contexte culturel de production et de signification, Henriette Asséo déjoue, par avance, une lecture superficielle de ces tableaux qui n'y verrait rien de plus qu'une peinture de genre destinée à illustrer un type, pour lui opposer

> une autre voie d'analyse de la floraison du thème qui s'accorde mieux avec la tradition ésotérique de la Renaissance, telle que Bellori qui vivait dans l'entourage du Cardinal del Monte pouvait la refléter. Si l'on suit de près ces textes, le projet du Caravage n'était pas d'illustrer une scène de genre que l'on qualifiera ultérieurement de « caravagesque ». La Zingara de rencontre présentait la possibilité d'associer l'antique au contemporain par le style vestimentaire des Bohémiens d'Italie. Le drapé à la manière égyptienne rappelait la toge antique. L'élection de la bohémienne serait peut-être à étudier de plus près dans ses correspondances avec un acte fondateur d'une manière picturale. Elle n'est pas le fruit du hasard. La bohémienne du Caravage est une *zingara* voulue pour telle, de la « race égyptienne » selon la formulation habituelle de l'époque. Son habillement a la singularité discrète des bohémiennes italiennes demeurées plus proches de leurs attaches adriatiques. Cette Sybille des temps modernes peut soutenir les regards masculins à force égale et ne se réduit pas au faire-valoir d'une scène de genre. L'argument fondateur de la vérité esthétique est représenté par l'incarnation de la duperie [1].

La « diseuse de bonne aventure » n'est pas seulement une figure familière de la vie populaire et aristocratique, un reste de superstition dont l'époque moderne qui pointe à l'aube du XVIIe siècle aura à triompher, elle porte dans sa « condition déguisée » les insignes d'une haute tradition ésotérique qui se tient sur les bords mouvants des territoires « policés » qui se mettent progressivement en place

---

1. H. Asséo, « Travestissement et divertissement … », *op. cit.*

sous la tutelle des pouvoirs religieux et politique ; loin d'être exotique et pittoresque, sa robe à la mode égyptienne porte dans ses plis, comme sur les lignes de la main où elle déchiffre l'avenir, un savoir au-delà du savoir qui ne tient à la vérité que par croyance et désir.

Si le peintre est concerné, d'une autre manière sans doute, par ce savoir-là, ce n'est pas tant que son art, comme celui de la « diseuse », est affaire de regard et de main, qu'il lui faut, comme elle, interroger lignes et couleurs d'où lui reviennent des figures à naître, mais qu'il se soutient d'une pratique de la vision qui, sans être de voyance, n'en est pas moins au-delà de la simple vue. L'erreur de Pascal fustigeant la vanité de la peinture de provoquer l'admiration pour des copies dont on n'admire pas les modèles tient en partie, par-delà son jansénisme, à ce qu'il ne prend pas la mesure de son opération. Car, de même que la diseuse donne à entendre ce que le commun des mortels ne perçoit pas, le peintre du portrait donne à voir ce que la vue occulte ordinairement. La toile du peintre défait le pli des apparences, étale à sa surface ce qu'elles tenaient, consciemment ou inconsciemment, en réserve du regard, expose à l'encan, c'est-à-dire aussi à d'imprévisibles découvertes et jugements, non seulement son sujet mais aussi son agent, celui qui en est l'auteur et l'a produite sur la scène publique. Se faire tirer le portrait, se faire tirer les cartes, tirer un horoscope : il n'est pas question dans ces expressions de tir sur une cible mais de tirage, autrement dit, au sens étymologique du verbe tirer, d'une extraction, ce qui ne va pas sans difficulté ni effort, c'est-à-dire sans art, ni sans mettre en jeu un certain rapport à la vérité. S'il y a quelque chose de la diseuse de bonne aventure dans l'art du peintre, c'est qu'on ne sait pas trop, côté modèle et côté artiste, ce qui va en sortir ; ce qui n'est pas loin d'apparenter le tableau à un sortilège, de *sortilegium*, tirage au sort, divination. Il s'agit pour le peintre de deviner son modèle, d'en interroger la vérité en le faisant comparaître sur la toile où, à force d'essais et de repentirs, il finira par trouver sa figure vraie. Tirer le portrait pour soutirer une vérité puisque dans la peinture aussi se joue un enjeu de vérité. Selon Bellori, historien et critique d'art qui fut le premier à écrire une *Vie du Caravage*, le Caravage, quand il peignit *La Diseuse de bonne aventure*, avait l'intention de faire un tableau qui en remontrerait aux tenants du modèle antique que la Renaissance, notamment avec Raphaël et Michel-Ange, avait remis en vogue :

> Ainsi un jour qu'on lui montrait les statues les plus fameuses de Phidias et de Glycon, afin qu'il tourna avers elle son étude, pour toute réponse il étendit la main vers la foule des hommes ; il signifiait par ce geste que la nature l'avait suffisamment pourvu de maîtres. Et pour donner plus d'autorité à ses propos, il appela une (gitane) zingara qui passait par hasard dans la rue, la fit monter dans son auberge et la peignit prédisant l'avenir, comme font ces femmes de race égyptienne ; il mit près d'elle un jeune homme, qui pose sa main gantée sur son épée et tend l'autre à la bohémienne, laquelle la tient et la regarde ; et dans ses deux demi-figures, Michele traduisit le vrai avec tant de pureté qu'il en confirma ses dires [1].

Sans doute et quoiqu'il en ait, le Caravage n'était-il pas indemne de l'influence des grands maîtres italiens qui l'avaient précédé et servaient d'exemples dans les ateliers où il fit son apprentissage, mais il voulait passer leurs images idéales au bain révélateur d'une réalité autrement dérangeante et violente, celle-là même qui faisait la vie ordinaire des romains de l'époque et, joueur et bagarreur qu'il était, la sienne en particulier. La *Zingara* n'était pas une figure pittoresque parmi d'autres, figure de carte à jouer ou déjouer le sort, elle était d'abord l'intrusion dans l'appareil de la peinture d'une réalité occultée par une tradition idéalisante, manifestation troublante de ce que la partie ne se jouait pas dans les suavités

---

1. Giovan Pietro BELLORI, *Vie du Caravage* (1672), trad. fr. B. Pérol, Paris, Gallimard, 1991. Nous empruntons cette référence à l'article déjà mentionné d'Henriette Asséo.

célestes entre des corps sublimes et des saints parfumés mais ici bas dans les coups fourrés d'une réalité qui violentait les esprits et les corps ; face à la Providence, à ses promesses de rédemption et de rachat, elle incarnait la contingence d'une vie qui loin de se gagner par la capitalisation à long terme des bonnes œuvres se risque au coup par coup d'actes de force, d'intrigues, d'alliances, de trahisons. Fils de son temps, le Caravage fut, à la fin du siècle qu'avait ouvert l'auteur du *Prince*, le fils prodigue de Machiavel. Ce n'est pas par hasard que la lumière qui éclaire *La diseuse de bonne aventure* ne tombe pas d'en haut, signe d'une possible salvation ou d'une miséricorde, mais le zèbre latéralement depuis une fenêtre invisible sur la gauche dont la barre projette son ombre sur le mur du fond, comme une entrave au regard, signe d'une partie serrée où l'avenir n'est rien moins que certain. C'est cela, peut-être, que présentifie la *zingara* à la guise ésotérique de la vieille Egypte, l'adversité d'un réel dans lequel la peinture doit plonger pour faire remonter une image vive à la surface du tableau, plutôt que simplement reprise de l'Antique et de l'art des maîtres. Reste un détail qui n'est pas rien dans le tableau du Caravage : la croyance à la bonne aventure se paie du prix de la bague que la Bohémienne soutire subrepticement au gentilhomme. Il fera école dans les tableaux suivants qui montreront presque toujours la fourberie et le larcin de la diseuse de bonne aventure, au premier chef dans celui, éblouissant, de Georges de la Tour où la belle et charmante est remplacée par une vieille décrépite. C'est d'abord la confirmation que l'idéalisation paie moins son homme à se bercer de promesses que la ruse experte qui sait s'y prendre avec la réalité humaine. De même que le *Prince* de Machiavel conseille au souverain de savoir à l'occasion gouverner en renard plutôt qu'en lion, le tableau du Caravage montre que la vie est au prix de la ruse des uns et de la déconvenue des autres : « cette leçon vaut bien un fromage, sans doute » dira plus tard un célèbre renard! Mais au-delà de cette leçon que l'expérience personnelle du Caravage a dû très tôt lui apprendre, c'est aussi de la puissance propre à la peinture qu'il est question et fait démonstration. Le tableau muet regarde une scène, le titre l'indique, où, yeux dans les yeux, des paroles sont prononcées et reçues telles un oracle; si son spectateur, qui ne peut les entendre, à la différence de ceux qui seraient témoins de la scène, peut sans doute aussi s'attarder au charme de la belle bohémienne, ce n'est pas au point d'être captif de son regard ni de ses paroles, ce qui laisse loisir à son regard d'errer à sa surface, d'en parcourir les ondoiements, d'apprécier le rendu délicat des étoffes, de se délecter à l'incarnat des visages juvéniles, de peser la charge érotique qui passe dans les regards et dans l'effleurement des mains, et, s'il est attentif, de percer à jour l'enjeu de l'intrigue. En même temps qu'il monte et démonte l'intrigue, en expose les ressorts subtils, le tableau met à l'épreuve la perspicacité du spectateur et fait la preuve de sa capacité à déceler et révéler le vrai dans le labyrinthe et le pli des apparences. Il témoigne par là de sa force à triompher des apparences en les assumant dans le jeu complexe des rapports de force, de ruse et de croyance qui les animent car avec la représentation de l'art de la séduction de la Bohémienne qu'il donne à admirer, il fait coup double en manifestant le pouvoir d'illusion de la peinture et sa puissance à en avérer les ressorts. Pris par le tableau, surpris par son intrigue, le spectateur en sort ravi et averti.

On a raison de célébrer dans l'art du Caravage l'invention du clair-obscur, du ténébrisme, mais que faut-il entendre au juste par là? Le thème de l'obscurité de l'homme à lui-même est une des grandes préoccupations de ce que Paul Bénichoux a appelé les morales du Grand Siècle; de Corneille à Racine et Molière, de Pascal à La Rochefoucauld, pour ne parler que des auteurs français, il est à la une du théâtre, des essais et des philosophies. Il faut y joindre Descartes qui s'essaya à déjouer l'obscurité des sens pour remettre le bon sens, « chose du monde la mieux partagée », sur le chemin de la droite raison. Sa théorie des idées claires et distinctes est l'instrument privilégié de la méthode qui doit y conduire, c'est le critère de l'évidence : il faut et il suffit de n'admettre pour vrai que ce qui se présente à l'examen de l'esprit avec une telle clarté et distinction qu'il n'est pas possible d'en douter. La clarté de l'idée qui fait qu'elle se conçoit sans autre adjuvant, *per se*, se distingue de l'obscurité qui vient d'un mélange ou association avec d'autres idées, cas des idées résultant des passions qui n'ont pas leur cause ni leur principe en elles-mêmes. L'exigence de clarté aurait raison des ténèbres par sélection dans le chaos de tout ce qui se présente à nous des seules représentations bien formées, auto-subsistantes, résistant à l'enquête de l'esprit ; d'où s'ensuit qu'« il suffit de bien juger pour bien faire ». Monde droit de Descartes où c'est la précipitation du jugement et de l'action urgente qui fait les erreurs, courbe ou brise les lignes. C'est un tout autre monde que montre le tableau du Caravage, monde où lumières et ombres sont à la lutte, où toute lumière jette une ombre et l'ombre recèle une part de clarté, où les lignes ne sont jamais droites, sauf pour tromper, comme le fil du regard entre la Bohémienne et le gentilhomme, tendu mais aussi tordu, sous-tendu par des intentions courbes qui ne tendent pas au même but, chacun s'efforçant de tirer la ligne à soi. La main de la Bohémienne qui lit les lignes de la main du fringant jeune homme pour y déchiffrer les signes de l'avenir est celle qui couvre de son ombre le larcin en train d'être commis. Le monde de Descartes est virtuellement sans ombre, sauf à pouvoir les corriger, comme le bâton brisé dans l'eau que la raison redresse plutôt que la main. Obscur est le corps mais la connaissance et la raison pourront peu à peu en pénétrer les mécanismes. Chez Caravage, des ombres tenaces intriguent dans le dos de la lumière et des corps, jouant des parties doubles auxquelles se laisser prendre. Bien en évidence à l'angle droit en bas du tableau, le pommeau de l'épée au flanc du gentilhomme peut bien parader, son bref éclat de métal le montre déjà, ironiquement, désarmé. Au monde clairvoyant du philosophe, où les aveugles vont droit à la condition de n'obéir qu'à la seule raison, objecte, tout en plis et dédoublements, le monde baroque du peintre ; au « bon sens » répond en écho l'équivoque et le labyrinthe du sensible où toujours un sens en recèle ou en révèle un autre.

## *chapitre 2*
## *intermédiaires*

### le double jeu de la peinture
### (Hegel par la peinture)

Dans *La vérité en peinture* Jacques Derrida voit dans le *Cours d'esthétique* de Hegel[1] une annexion logocentrique de l'art au discours philosophique[2], il en relève le signe dans le fait que l'art y est appelé à jouer un rôle de « médium », de « simple » médium devrait-on dire pour mettre l'accent sur le ravalement de l'art au rang de moyen terme, transition, truchement, dans le déploiement de l'absolu du concept par lequel se solderait l'opération. Hegel médirait de l'art, le réduirait et, finalement, le méconnaîtrait dans ce qu'il ouvre de proprement irréductible ou d'intraitable, sans traite d'échange possible avec quoi que ce soit d'autre, par conséquent sans équivalent, et surtout pas de sens, comme le voudrait l'herméneutique, bref, « insubstituable » (Badiou). Il est

---

1. Hegel, *Cours d'esthétique*, 3 vol., tra. fr. J-P. Lefebvre et V. von Schenk, Paris, Aubier, 1995-1997.
2. J. Derrida, *La vérité en peinture*, Paris, Flammarion, 1978, « Parergon ».

vrai qu'il y a dans la philosophie hégélienne une marche inexorable du concept qui aspire tout dans son sillage, non moins vrai que l'art y germe et s'y épuise en figures successives où se raconte le Grand Récit (Lyotard) de l'histoire de l'Esprit, mais il reste à savoir si de cette longue marche ne subsistent pas, par-delà sa fin annoncée, des ombres survivantes qui résistent à l'effacement et refusent de n'être là que pour mémoire ; pas des figurants ou des témoins du passage à marche forcée de l'histoire mais des figures qui pourraient encore lui être soustraites, au nom de l'art.

La médiumnité de l'art dans la philosophie de Hegel, cela s'entend au moins en quatre sens. Le premier a trait à la place de l'art dans l'économie d'ensemble du système hégélien, le deuxième au caractère spécifique de la peinture et à la position médiane qu'elle occupe dans la hiérarchie des différents arts qui, selon Hegel, en compte cinq, le troisième tient au fait que la peinture, du moins dans son moment romantique, se présente comme la projection dans la sphère de la représentation du monde spirituel de l'homme, le quatrième exprime l'idée d'une hétéronomie de l'art en prise sur le réel. Pour chacun de ces sens, l'entente du mot « médium » porte un accent différent : médiation dans le premier, moyen-terme ou médian dans le deuxième, milieu de vie ou élément pour le troisième, traduction ou transfusion dans une matière d'expression pour le quatrième.

Concernant le premier point, la place dévolue à l'art dans le système, on se contentera d'un simple rappel pour mettre en perspective les suivants qui concernent proprement la peinture, seule en cause dans ce propos. Dans la visée ontologique de la philosophie hégélienne, l'esprit ne prend vie qu'en se phénoménalisant dans la manifestation qui tout à la fois l'aliène et le concentre toujours davantage en lui-même ; qu'il y ait une vie de l'esprit n'est pas un vain mot pour Hegel qui y voit la nécessité de la mise au monde de son essence et l'apprentissage de sa vérité par l'expérience des formes successives qu'il revêt, le divise et qu'il dépasse en vue de sa réalisation finale. Même si dans l'horizon de l'absolu l'art est appelé à être dépassé, ce qui, par ailleurs, n'implique nullement sa disparition, il n'en constitue pas moins un moment essentiel de la manifestation sensible de la vérité, moins à titre d'une pédagogie ou d'une initiation subalternes, rôle auquel Platon cantonne le sensible, qu'à celui de son initialisation et de sa mise à l'épreuve du concret. Il n'est pas question, au sens platonicien, d'une didactique de la vérité en forme d'Idée préexistant de toute éternité, mais de la vérification et de l'authentification pragmatiques de sa consistance mesurée à sa capacité à devenir réalité ; en ce sens où rendre sensible veut dire rendre vrai, rien n'est plus opposé à la dialectique hégélienne que le « parler autrement » à destination des enfants et des nourrices de l'allégorie platonicienne. La vérité doit donc se travailler pour vivre, passer par l'épreuve de l'expérience sensible et de sa négation pour s'enrichir de toutes ses nuances et particularités. Ni illusion ni illustration, l'art fait provision de vérité par la manifestation des apparences qu'il produit et nourrit, et tel paysage ou portrait, loin d'être simple trompe-l'œil ou vanité, sont les formes dans lesquelles l'esprit prend conscience de lui-même. Rien moins qu'un pis-aller, l'art est une nécessité [1] dans laquelle l'Esprit doit se perdre avant de se retrouver par déchiffrement des figures qui lui reviennent du sensible. De même que la pensée ne se trouve qu'en se cherchant dans la traversée du langage, le sens ne se rencontre qu'en interrogeant l'énigme du sensible Le médium, c'est la médiation du sens par le sensible qui lui donne forme et manifestation.

Le long chapitre que Hegel consacre à la peinture dans la dernière partie du *Cours d'esthétique* ne fait pas exception à la ligne générale

---

1. A ce sujet, Hegel, *Cours d'esthétique*, vol. I, « Introduction à l'esthétique », chap. I, 1 re section, 3 e partie, *op. cit.*

de sa philosophie, du moins à le considérer de loin, panoramiquement, comme un des nombreux sommets qui rythment le massif hégélien, mais il se présente autrement à une exploration rapprochée qui ne fait pas l'économie du détail, de l'exemple ni de son mouvement. Sans parler des distorsions que H. G. Hotho, le disciple qui l'a retranscrit pour la publication, a pu lui imprimer, on sait par des recherches récentes [1] que le *Cours* a subi des remaniements non négligeables où s'indiquent des inflexions dans la pensée de Hegel touchant sa réception et sa conception de l'art. Contrairement à Kant, Hegel parle de la peinture en connaisseur de première main, quand il a vu les tableaux dans des galeries, de seconde main, quand il s'en remet à des reproductions illustrées ou des comptes rendus ; il ne se réfère à guère moins de trente peintres, essentiellement hollandais, flamands, allemands et italiens, évoque à plusieurs reprises des tableaux précis. Autant de signes de l'attention et de l'importance prêtées à la peinture, pour ne pas parler du plaisir éprouvé, comme en témoignent maints passages aussi précis qu'admiratifs consacrés à l'art de peindre ; ce que confirme dans « le système des différents arts » la place de la peinture à la charnière des arts de l'espace, l'architecture et la sculpture, et des arts du temps, la musique et la poésie. Art médian, art du milieu, art du trait d'union, la peinture l'est à plus d'un titre.

Hegel distingue cinq arts majeurs hiérarchisés en fonction de l'affinité de leur matière avec les moments successifs du roman de l'esprit ; des matières et des tournures, une matière, une tournure d'esprit, c'est ce qui donne son principe et son moteur à l'histoire des arts. A chacun des trois grands moments de l'esprit, symbolique, classique et romantique, correspond un art majeur dominant, non que les autres n'existent plus ou pas encore mais parce ne se

---

1. Voir notamment G.W.F. Hegel, *Esthétique. Cahier de notes inédit de Victor Cousin*, présentation A. P. Olivier, Paris, Vrin, 2005 ; V. Fabbri, J.-L. Vieillard-Baron (dir.), *Esthétique de Hegel*, Paris, L'Harmattan, 1997.

prêtant pas à la tournure de l'esprit en vigueur. L'architecture, avec le monument, caractérise l'âge symbolique de l'esprit, autrement dit son enfance, la sculpture, avec la statue, son âge classique, celui de sa maturité épanouie, et la peinture, la musique, la poésie, son âge romantique, celui de la tension vers l'infini et l'Absolu. Le propos n'est pas ici d'expliquer les raisons du déséquilibre entre le dernier moment, représenté par trois arts, et les deux premiers, représenté par un seul[1], juste de prendre la mesure de l'effet-peinture sur la philosophie de Hegel : quel effet ça lui fait de s'y confronter ? Comment s'en arrange-t-elle ? Mais il ne s'agit pas moins de voir, en filigrane ou par transparence, ce qui se trouve par là produit, mis en lumière, de la peinture elle-même, de son dispositif, de son essence, de son processus, de son expérience, et sans doute aussi de ce qui s'en trouve occulté. A propos de Hegel, Jean-Marie Schaeffer parle de « théorie spéculative de l'art » : peut-on parler d'un investissement spéculatif de l'art par la philosophie qui trouverait l'occasion d'y placer, sous un autre nom, un autre titre, son vieux fond, sa rente métaphysique ? Quel « intérêt » pour la philosophie de passer par la peinture, mais aussi quel « rapport » pour la peinture ? N'y a-t-il que mécompte pour celle-ci à s'être laissée « embobinée », roulée dans la farine du discours, par la première devenue à son tour « diseuse de bonne aventure » ?

La grande idée de Hegel concernant la peinture est qu'elle n'aurait pas toujours été ce qu'on croit qu'elle a toujours été : peinture. La peinture ne serait devenue peinture, ne serait devenue, à proprement parler, « picturale » qu'avec le moment romantique de l'Esprit, parallèlement à la christianisation de l'Europe. Non

---

1. Sur ce point, voir l'hypothèse de Jean-Marie Schaeffer sur l'interférence de deux logiques dans l'esthétique hégélienne, « tiraillée entre la logique artistique et la logique générale du système ontologique », *L'art de l'âge moderne. L'esthétique et la philosophie de l'art du XVIIIᵉ à nos jours*, Paris, Gallimard, 1992, p. 207.

qu'il n'y aurait pas eu de peinture auparavant, par exemple durant l'Antiquité égyptienne ou gréco-romaine, ou dans d'autres aires culturelles, par exemple la Chine ou la Perse, mais ce qui s'y présente comme peinture n'y assumerait pas encore une vocation authentiquement picturale [1], soit qu'elle y jouerait un rôle subalterne d'ornement de l'architecture, soit par manque du « souffle spirituel » [2] qui anime la peinture chrétienne. La peinture avant la peinture serait essentiellement décorative ou illustrative, c'est-à-dire moyen, et non pas fin, d'une idée étrangère à sa vocation particulière, sous forme de fresque murale destinée à occuper le mur aveugle d'un édifice ou sous forme d'image faite pour dépeindre et rappeler une figure quelconque, celle d'un personnage célèbre ou d'un dieu. C'est que Hegel ne conçoit pas l'art sans reconnaître une essence propre à chacun des arts qui participent du système des arts, essence qui prédétermine aussi bien ses capacités expressives que le contenu idéal qui leur correspond, de sorte qu'un art ne révèle sa puissance formelle qu'en affinité avec le contenu qui la requiert, et elle seule, pour se déployer, ce qui revient à dire qu'« en art, on ne peut dissocier la teneur spirituelle du mode de représentation » [3]; matériau et idée s'appellent réciproquement pour donner naissance à une forme expressive. Dans son rapport à la pensée, l'art n'opère pas autrement que le langage puisqu'il lui est indispensable pour prendre forme, à la différence près cependant que le second a une vocation universelle qui le rend apte à la formulation de n'importe quel contenu, alors que le

---

1. Voir notamment ce passage où après avoir évoqué les tableaux qui auraient servi de modèles aux fresques de Pompéi Hegel précise : « Mais si excellents qu'aient pu être ces tableaux plus originels, il convient néanmoins d'affirmer que les Anciens, malgré l'inégalable beauté de leurs sculptures, ne purent amener la peinture au niveau de l'essor proprement pictural que celle-ci a connu à l'époque chrétienne du Moyen Âge, et tout particulièrement aux XVIe et XVIIe siècles. », *Cours d'esthétique*, vol. III, *op. cit.*, p. 17.
2. *Ibid.*, p. 18.
3. *Ibid.*

premier dépend d'un matériau sensible qui le destine, par ses potentialités représentationnelles spécifiques, à un type de contenu. Raison pour laquelle l'architecture est vouée à la monumentalité disproportionnée du symbolisme, la sculpture à l'harmonie de la belle forme individuante de la statue, la peinture au portrait de l'intime subjectivité, la musique au phrasé de la temporalité, la poésie à l'expression de la pure pensée, mais non sans que cette dernière ne se soit d'abord enrichie de toutes les particularités de l'expression sensible avant de les faire consonner dans l'élément universalisant du discours, non sans qu'elle n'ait dû d'abord faire lever toutes les figures du sensible avant de procéder à leur relève. La question, précédemment posée, de savoir ce que gagne la peinture à sa relève par l'Esprit qui s'en saisit pour y prendre tournure et figure trouve là une première forme de réponse : elle y gagne la reconnaissance de sa spécificité, celle de son matériau, de sa puissance d'expression et de sa vocation à penser.

Si la peinture a vocation à représenter la subjectivité qui correspond à l'intériorisation de l'Esprit sous la forme de la réflexion et du rapport à soi, alors le sujet de la peinture n'est rien d'autre que le sujet lui-même, la personne singulière présente dans la sensation intime du soi. La peinture, c'est le moment du sujet qui apparaît à lui-même et aux autres dans l'extériorisation retenue de son intimité, son manifeste et sa manifestation dans la diversité vivante de ses apparences dont le tableau se fait le miroir, la surface réfléchissante. C'est la raison pour laquelle l'idéal de la peinture serait le portrait qui tire, extrait et expose, les traits du sujet[1]. Mais la comparaison avec le miroir, si fréquent par ailleurs comme motif de la peinture, est inadéquate du fait de l'idée qui lui est associée d'une reproduction d'un modèle, comme dans la sévère

---

1. Dans ce sens, *cf.* la remarque de J.-L. Nancy, « Quel est le sujet du portrait ? Nul autre que le sujet lui-même, absolument », « Prière d'insérer », *Le regard du portrait*, Paris, Galilée, 2000.

pensée de Pascal à propos de la vanité de la peinture, car la réflexion en jeu dans la conception hégélienne n'est pas simple reproduction mais véritable production du sujet qu'elle pro-duit, conduit dans l'extériorité. C'est en exposant le sujet que la peinture en produit précisément le retrait qui en manifeste la présence vivante. Le tableau envoie le sujet dans le tremblé des apparences dans lesquelles il est appelé à se reconnaître, et « c'est pourquoi, précise Hegel, nous nous sentons d'emblée davantage chez nous dans la peinture »[1]. Notre familiarité avec la peinture tient au fait qu'elle renvoie au sujet l'image qui le produit dans le monde des apparences. A la différence de l'architecture et de la sculpture qui ne prennent rang dans l'espace phénoménal qu'en s'y inscrivant objectivement sous la forme pesante et indifférente du monument et de la statue, la peinture se tourne, et même se retourne vers l'homme, quêtant son regard qu'elle inclut dans son dispositif. Ce que dira plus tard Baudelaire, « Tu es belle, ô mortelle, comme un rêve de pierre », ne peut s'appliquer à la peinture qui de son support fait une simple surface propre à refléter la face, le visage et le regard de l'homme. Le tableau est support et suppôt du sujet qui s'y présente en s'y représentant.

Mais la peinture, en son essence, n'est pas pour Hegel représentation, mise en vue et à disposition du monde interne et externe dans la représentation sans être en même temps présentation et exposition de sa puissance et de ses virtualités. Ce qui vient à la surface du tableau n'est pas seulement, sous les traits d'un sujet singulier, l'envisagement de l'Esprit, ce n'est pas uniquement non plus la subjectivité de l'artiste présente dans son style, c'est également la vie et la vivacité de la peinture elle-même dans sa capacité à susciter un espace profond sur une surface plane, à y dresser des figures, à y jouer des scènes et des actions, à émouvoir la toile d'émotions

---

1. Hegel, *Cours d'esthétique*, vol. III, *op. cit.*, p. 15.

et de sentiments aussi multiples que nuancés. Hegel est l'un des tout premiers philosophes à parler hautement de la peinture [1], à admirer ses prouesses et ses effets, à déployer l'éventail de ses moyens et de ses matières : lumière, clair-obscur, perspectives linéaire et atmosphérique, dessin, composition, couleurs, coloris, incarnat. A la suite de Goethe, il voit dans la couleur, bien plus que dans le dessin comme le voulait une tradition d'Aristote à Kant, l'essence de la peinture et la manifestation de la vitalité qui diffuse à travers et entre les formes, en foncent et forcent les contours ; la couleur comme débordements et sève qui monte, se répand, vibre ou bien comme atonie, variation ou baisse de tension, plutôt que comme simple ornement. La couleur-expression plutôt que la couleur-description.

La peinture est la sensation de l'intime rapport à soi et au monde, l'interface où viennent vibrer les élans spirituels et les courants du monde, la peau qui s'orne de leurs entrelacements et de leurs entrechoquements. Dans la peinture, l'intériorité vient du dehors où se construit avec l'ouverture de l'espace, le rythme des lignes et l'orchestration des couleurs, le site de l'intime ; il en va ainsi dans le *Portrait des époux Arnolfini* de Jan Van Eyck où le miroir qui absorbe la scène ne dévore pas l'espace de la chambre sans en même temps le projeter en avant pour le déplier amplement en hauteur et largeur, dans un mouvement de rebond, de contraction-détente qui en fait, à l'image de celui de la femme du tableau, le ventre fécond et le centre vivant de la maison. La peinture, nous dit Hegel, n'est jamais mieux elle-même que lorsque qu'elle entre en affinité avec ce qui vient résonner en elle, tension et distension qui ouvrent l'espace d'une communauté des êtres et des choses. C'est alors qu'elle tire de son fond de quoi faire des mondes dont elle sait être l'entremetteuse. Hegel en reçoit la leçon que le rapport

---

1. Sans doute, y est-il aidé par la lecture des *Farbenlehre* de Goethe.

au monde passe par sa construction, condition de son appropriation et de son humanisation par la représentation. Il n'est pas anodin que le chapitre consacré à la peinture se termine pratiquement par un éloge de la peinture hollandaise à laquelle un hommage était déjà rendu dans l'introduction au *Cours d'esthétique*. Raymond Queneau, qui fut l'élève d'Alexandre Kojève, a tiré un très beau roman de l'expression par laquelle Hegel salue cette école de peinture à son apogée aux XVIe et XVIIe siècles : « c'est le dimanche de la vie »[1]. Hegel voit chez les maîtres hollandais la manifestation exubérante de la vie d'un peuple qui se réjouit d'avoir gagné sa liberté par la lutte victorieuse contre la domination espagnole, le travail d'endiguement et de culture de sa terre, par son ingéniosité et son commerce. « Le dimanche de la vie », c'est le luxe gagné sur la nécessité, le temps de savourer sa liberté dans l'insouciance dont Hegel admire l'expression incomparable dans les jeux gratuits de lumière, de reflets et de coloris que se renvoient les figurants, – portraits, objets, paysages, animaux, fleurs –, de la scène hollandaise. Ce qui s'exprime dans ce théâtre d'ombres et de lumières, de lignes et de couleurs, de figures émues de joie ou apaisées n'est autre que l'excès de vie qui soulève la toile et libère l'esprit. De la vie enchaînée aux nécessités, la peinture fait un jeu où, délivrées de leur fonction et de leur fin, les figures peuvent jouer de concert une libre partition.

## médium et museum (l'arche Hegel)

Hegel est formel, « la peinture exige la contemplation directe des œuvres singulières elles-mêmes ; de simples descriptions de tableaux,

---

1. Hegel, *Cours d'esthétique*, vol. III, *op. cit.*, p. 118-119. Le roman de Queneau a pour titre « Le Dimanche de la vie », il met en scène de façon fantasque et rêveuse ce qui s'ensuit sinon de la fin de l'histoire, du moins de son enlisement et de son égarement. On remarquera au passage que Valentin Brû, le héros, y exerce un temps, déguisé en femme, la profession de voyante extralucide.

notamment, même si l'on est souvent obligé de s'en satisfaire, ne suffisent pas » [1]. S'il reconnaît, par ailleurs, que l'expérience sensible de l'œuvre est souhaitable quel que soit l'art envisagé, il la juge indispensable dans le cas de la peinture. On peut s'étonner de cette exception : en quoi la description d'un temple ou d'une statue serait-elle moins réductrice que celle d'un tableau ? C'est d'abord que l'architecture et la sculpture disposent de subterfuges techniques qui permettent de convoquer les œuvres en leur absence, plan au sol ou en élévation, vues en coupe pour la première, moulage pour la seconde. C'est ensuite que la vie du tableau lui vient des couleurs, difficiles à reproduire dans leurs nuances, leurs contrastes et leurs accords. C'est enfin, et surtout, que dans ces deux arts on a affaire à des œuvres plus génériques qui souffrent moins à la description de la généralité des mots. La monumentalité du temple, évocatrice de l'incommensurabilité divine, n'est rien d'autre qu'une abstraction réalisée, tentative, somme toute dérisoire, d'atteindre l'absolu dans la grandiloquence du symbole ; quant à la statue, si elle donne corps au sage, au dieu en colère, à la déesse ou au héros tragique, elle en fait des types qu'elle n'individualise que sous les traits d'essence de la sagesse, de la colère, de la beauté ou de la tragédie. Toute autre est la peinture qui se reconnaît à sa singularité. Ni abstraction écrasante, comme le temple, ni concrétion reposant en soi-même, comme la statue, elle est exposition du sujet, réflexion en soi-même par extraversion vers l'autre, le spectateur, qui peut s'y retrouver, elle est regard qui se présente au champ de l'autre et s'y contemple. La peinture fait appel du regard, elle exige donc d'être regardée, en personne pour ainsi dire, dans cette table de présence qu'est le tableau où elle fait saillie. Le sujet passe par la peinture où s'atteste sa présence singulière ; qui veut le voir doit repasser au lieu même de son

1. *Ibid.*, p. 99.

surgissement [1]. C'est parce qu'il est le médium du sujet, le lieu et le cadre de sa production, qu'aucune description ni aucune reproduction, comme il en déferlera tant peu après Hegel avec l'invention de la photographie, ne sauraient tenir lieu du tableau. L'exception de la peinture, c'est l'exception du sujet qui s'y présente, les tableaux sont donc à regarder un par un, cas par cas. Mais que de monde à l'exposition, quelle foule disparate s'y presse, que de scènes différentes à regarder qui vont dans tous les sens! Quel désordre! Contemporain des grands musées qui s'ouvrent un peu partout en Europe au début du XIXe siècle à la suite de la révolution française, des guerres napoléoniennes et des conquêtes coloniales, Hegel est l'un de ceux qui en pensent le principe et en fondent la légitimité. Il s'agit pour lui de montrer que le sujet n'est pas un accident, une anecdote contingente mais le produit et la cause d'une histoire longue et pluriséculaire, voire plurimillénaire. Le sujet, c'est aussi bien le sujet de l'histoire toute entière qui se récapitule dans les grands musées européens où elle vient se raconter et défiler aux yeux de tous. En vue de sa fin, du commencement de sa fin, l'histoire organise le spectacle à grande échelle qui la produit dans sa version universelle et unique : un monde, une histoire une. C'est au musée qu'il reviendra d'en orchestrer le récit dans le visible :

> La plupart des galeries (…), si l'on n'est pas par ailleurs familier de l'époque, de l'école et du maître auxquels ressortit chaque tableau, apparaissent comme un chaos dépourvu de sens, dont on n'arrive pas à se dépêtrer. Aussi la présentation la plus appropriée à l'étude et à une pleine jouissance de l'œil sera-t-elle *historique*. Nous aurons bientôt l'occasion d'admirer, dans la galerie de tableaux du Musée royal édifié ici [2], une telle collection historiquement agencée, unique

---

1. « Les grands portraits, lorsqu'ils se dressent devant nous avec la vie pleine que leur ont donnée toutes les ressources de l'art, ont déjà eux-mêmes, dans ce *foisonnement* d'existence, ce caractère de surgissement, et de dépassement de leur cadre », *ibid.*, p. 78.
2. « Ici » désigne Berlin où enseigne Hegel.

et inestimable en son genre, où l'on pourra clairement discerner, non seulement l'histoire extérieure dans le perfectionnement des aspects techniques, mais la progression essentielle de l'histoire intérieure dans sa différence d'écoles et de sujets, eux-mêmes diversement conçus et traités[1].

Voir le musée comme un puissant transformateur qui du disparate des œuvres, des écoles, des lieux et des époques fait un récit homogène et continu que le travail du négatif conduit à son terme nécessaire, la réalisation de l'esprit. Dans les sinuosités du cours de l'histoire, dans ses détours et diversions, dans ses ruptures et ses sauts brusques, dans ce qui au premier abord ne ressemble à rien qui puisse se rassembler dans un récit à épisodes, il n'est jamais question que du roman de l'esprit dont la peinture, elle aussi, participe, médium de sa mise en forme. Du grand brouillon insensé de l'histoire dont les arts sont le témoin et le miroir émerge peu à peu la figure de l'esprit qui depuis les sévères icônes byzantines, en passant par la suavité des madones de Raphaël jusqu'aux portraits surgissant de présence des grands maîtres italiens, flamands et allemands, se cherche, s'éprouve et, finalement, se trouve. Car c'est à cela que tend la peinture, qui s'y efforce par essais et reprises, au portrait de l'esprit qui se reconnaît en l'homme, incarnation singulière et finie porteuse d'infini : « les progrès de la peinture, depuis ses premières tentatives imparfaites, ont précisément consisté à se frayer un chemin jusqu'au *portrait* »[2]. Encore faut-il dans le portrait faire la part de ce qui est de la nature, l'ossature de la tête, la charpente, et de ce qui est proprement l'œuvre de l'esprit, le visage que l'homme se compose par son travail et son histoire[3]. Dans le grand roman hégélien, la peinture, d'un bout

1. Hegel, *Cours d'esthétique*, vol. III, *op. cit.*, p. 99-100.
2. *Ibid.*, p. 95.
3. « Dans le visage humain, le dessin de la *nature* est constitué par l'ossature dans ses parties rigides, autour desquelles se disposent les parties molles qui se prolongent en de multiples et diverses contingences ; mais la caractérisation du *portrait*, malgré toute

à l'autre de son histoire, n'est rien qu'un portrait mobile en train de se faire, même quand, comme chez les maîtres hollandais, il passe par le paysage où il faut savoir reconnaître l'œuvre de l'homme qui en a mobilisé et organisé l'espace, travaillé la terre, dressé les édifices, mais aussi, par le tableau, produit l'image.

Grand navire à quai des grandes cités européennes, le musée est l'arche sur laquelle embarque toute l'histoire passée du présent. Il y revoit ses premiers frémissements, ses premiers pas maladroits, ses développements plus décidés où il explore en figures multiples tous ses replis et nuances, avant de se contempler dans la maturité épanouie des fêtes populaires et des portraits bourgeois. Le musée de Hegel appelle la métaphore du film. Quand il évoque le musée idéal comme ce lieu où il est donné d'assister à l'éveil progressif de la vie à l'esprit, on pense aux pages d'André Bazin saluant dans l'invention du film le passage de « la catalepsie » photographique au mouvement cinématographique [1]. Ce rapprochement en forme de rétrospection, un cinéaste, Alexandre Sokourov en a fait, et peu importe ici qu'il ait ou non pensé à Hegel, la matière et le scénario d'un beau film, *L'Arche russe* (2002), évocation en un unique plan séquence de l'histoire russe, restituée et réanimée par une visite du musée de l'Ermitage dont les tableaux reprennent vie sous nos yeux pour converger avec tous leurs personnages dans un bal grandiose qui ressemble à la fin de l'histoire. Ce film qui est un rêve, celui du narrateur soudainement transporté au XVIIIᵉ au palais de l'Ermitage devenu musée, est celui de la Russie qui se réveille, comme son héros, dans le froid des grandes déconvenues narratives. Raymond Queneau voit juste quand, dans *Le Dimanche de la vie*, il fait du héros de son roman, Valentin Brû, un soldat

---

l'importance des parties rigides, réside en d'autres traits plus fermes, dans le *visage tel qu'il est modelé par le travail de l'esprit.* », *Ibid.*, , p. 96.

1. A. Bazin, *Qu'est-ce que le cinéma ?*, « Ontologie de l'image photographique », Paris, Éditions du Cerf, 1985, p. 14.

démobilisé qui rêve l'histoire dans la torpeur de l'inaction. Ce rêve est celui de Hegel revoyant, avec tout ce que cela implique de révision et de distorsion, l'histoire du monde en une longue marche accidentée qui vient buter sur sa fin et s'achever en musée, grande Arche du monde. Et c'est ainsi que la peinture, d'abord suppôt de l'esprit qui y trouve son séjour, se transforme en dépôt, pour ne pas dire remise, de l'histoire, comme si plus rien, désormais, ne pouvait en revenir de présent.

Outre qu'il est oublieux, ne serait-ce que, pour l'Europe, des peintures française, espagnole, anglaise, le musée hégélien ne connaît qu'une seule direction, sens unique qui ne se laisse pas interroger, détourner, fragmenter par les errances, les chemins de traverse, les rebonds, les regains, les bifurcations ou les intermittences. C'est là, sans aucun doute, dans cette façon de tailler droit dans les indécisions du cours de l'histoire, d'en nier les parcours divergents et hétérogènes, que le discours hégélien fait office de rabatteur chargé d'aligner dans le cours de l'histoire les récits éclatés qui en forment la matière. Son musée est celui d'un progrès, agité par les péripéties du négatif mais homogène, continu, tendu vers un seul but, il est par là même réducteur, niveleur et ethnocentré, puisque si tout ou presque y trouve sa place, c'est sous condition d'y être à sa place dans la succession des étapes qui d'une contradiction à une autre porte le mouvement à son point de perfection. Dans la rétrospection d'une téléologie, l'icône byzantine, figée dans le « stéréotype », ne peut que faire triste figure en regard des corps idéalisés de la renaissance italienne ou du réalisme expressif des personnages de la peinture du nord. Le musée que Hegel voulait vivant finit par tourner à la muséification du parcours obligé où c'est toujours la même histoire qui revient et endort d'ennui Valentin Brû, pourtant bon écolier.

Et pourtant, dans les méandres et les stases de cette histoire captée par son rêve, Hegel affûte son regard, s'arrête aux œuvres, admire la Marie-Madeleine du Corrège de Dresde, s'émerveille du coloris et de l'incarnat, fait saillir comme jamais l'art du portrait chez Rembrandt et Titien, s'enthousiasme pour la religion du quotidien chez les maîtres hollandais. Le médium revient dans la nuit du musée, y perce, ici ou là, de lumineuses fenêtres de présence. Non, pas aveugle Hegel, mais enchaîné à son grand récit qui doit tout emporter dans son sillage.

Mais le musée, heureusement, peut être autre chose que ce rêve devenu cauchemar à répétition, l'histoire qui se présente peut déjouer l'histoire représentée, enrégimentée et ficelée dans un récit. Il suffit pour cela de jouer avec le parcours obligé, d'y ménager des coupes, des diagonales qui prennent de court le cours rangé de l'histoire, d'en brouiller par le regard et les rapprochements incongrus la cartographie et les classements, d'y ajouter, de mémoire ou par l'imagination, ce qui ne s'y trouve pas. Le musée rêvé par Hegel prend alors une autre tournure, ouvre d'autres perspectives, mais qui n'auraient pas été possibles sans lui. Car, même sélectif et exclusif, il crée un espace de colloque entre les œuvres et les arts qui bouleverse leurs frontières et les façons de les voir ; confrontées les unes aux autres, juxtaposées et comparées dans leurs matières, leurs formes et leurs styles, les œuvres se regardent, se heurtent, s'apprécient et se relancent entre elles. Le fameux « musée imaginaire » de Malraux subvertit le musée enfermé et figé dans les murs bien gardés de l'histoire, les valeurs et les places s'y défont et refont, les styles et les écoles, les lieux et les époques s'y déconcertent. Le musée cesse d'être un dépôt quand un regard convoque le tableau au présent, dans le surgissement d'une première fois où il revient de la relégation de l'histoire pour allumer une nouvelle interrogation, amorcer une création. Documents, les œuvres sont passées, témoins d'une histoire révolue qui défile sous nos yeux, monuments, elles restent toujours présentes, se tiennent devant nous et nous en elles, en puissance de nouvelles sensations, encore surprenantes et effractives, à disposition aussi de nouvelles expérimentations. La relance de l'œuvre la détourne de la relégation de l'histoire et de la culture. Picasso n'a pas embaumé dans le souvenir les chefs d'œuvre qui lui importaient, ils lui ont sauté à la figure, l'ont réveillé et empoigné pour lui poser la question de la peinture au présent. Le peintre de *Guernica* est celui qui a fait son butin des *Ménines* de Vélasquez, *L'Enlèvement des Sabines* de Poussin, *Femmes d'Alger dans leur appartement* de Delacroix, *Le déjeuner sur l'herbe* de Manet; il a rechargé ces tableaux de la sève, de l'inquiétude, de la violence du présent, les a remis en jeu et retendus de forces actuelles, décapés du vernis culturel qui les anesthésiait. L'art sort du musée par les voies de l'art du présent qui se le réapproprie, le réinterprète, le conteste, l'implique et le complique dans des créations inédites, tantôt modèle, tantôt matière.

L'artiste ne fait pas du musée le même usage que le philosophe de l'histoire ou l'historien, il ne s'y met pas à la queue leuleu des époques, des écoles ou des styles. Quand il en fréquente les allées, c'est davantage pour les traverser que pour les suivre dans toute leur longueur, inventer des raccourcis, bifurquer et faire des sauts, autant pour interroger, analyser que pour flâner et trouver dans d'improbables rencontres ou résonances entre les œuvres, passé et présent, l'annonce d'une œuvre nouvelle. Son musée n'a plus rien d'une progression, il ressemble à une mouvante et vivante constellation qu'aucune arche ne peut rassembler ni embarquer. L'arc que Hegel lançait au-dessus des temps révolus pour en faire le grand récit de l'histoire universelle retombe et se fragmente en un archipel où l'on peut entendre plus d'une histoire.

## chapitre 3
## milieux, matières

### de la visibilité comme « moyen pur » (Konrad Fiedler)

Qu'il y ait « vérité en peinture » est la thèse que soutient, au pied de la lettre, Konrad Fiedler dans son essai *Sur l'origine de l'activité artistique*[1]. Au pied de la lettre, puisqu'à le lire on apprend que la vérité s'y montrerait, en excès de beauté ou d'intensité par lignes et couleurs, sans la trahison des mots qui, transvaluation du visible en dicible, prétendraient en extraire le sens. C'est qu'il n'y a de peinture que muette, sautant aux yeux, énergie du visible communiquée par intensité du geste et de la matière, par-delà toute signifiance et référence qui la lesterait d'un sens ou d'un objet à représenter. Radicalement sans objet, sauf à en faire son prétexte, elle n'est pourtant pas sans monde, autotélique et recluse en elle-même. Comment expliquer ce paradoxe d'une peinture rien que peinture, indemne de tout langage, qui ouvre au monde,

---

1. K. Fiedler, *Sur l'origine de l'activité artistique*, trad. fr. D. Cohn *et alii*, Paris, Les éditions Rue d'Ulm, (2003) 2008.

plus peut-être encore, qui ouvre un monde? Comment sortir de la peinture par la peinture? La réponse pour Fiedler n'est pas à chercher dans l'œuvre mais dans l'activité et la poussée dont elle résulte et garde la trace, car le monde qui n'est rien moins que visible aspire à la visibilité que seule l'art peut lui donner. Comme le dira plus tard Merleau-Ponty[1], le monde incomplet aspire à la lumière du tableau et le peintre intercesseur est celui qui en développe l'image au grand jour. Loin de l'imiter, il le crée en le conduisant à la pure visibilité qui en serait l'essence vraie.

Il est remarquable que dans un essai consacré aux arts plastiques, Fiedler, fin connaisseur de l'histoire de l'art, ne distingue jamais la peinture et la sculpture, ne cite aucun nom d'artiste, mort ou vivant, ni ne se réfère à aucune œuvre. C'est d'abord le signe que son intérêt ne va pas aux résultats mais aux commencements, ce qu'indique le titre même de l'ouvrage ; c'est ensuite un geste théorique dans lequel se lit l'intention de remonter en amont des questions de style et des singularités artistes pour atteindre à la source générique des arts plastiques et à la constitution du champ sensible, le visible, où sont produites les œuvres ; c'est enfin la manifestation d'une posture descriptive plutôt qu'évaluative. L'enjeu en est une théorie générale des arts plastiques en mesure de rendre compte de la formation du visible, entendue au sens d'une aspiration du visible à la forme quel qu'en soit le site spatio-temporel. S'il s'agit bien de savoir d'où vient qu'il y ait art, d'où vient l'intention d'art ou, pour le dire dans les termes pérennisés peu après par un successeur de Fiedler qui en a reçu l'influence, Aloïs Riegl, d'où vient « la volonté d'art », ce réveil de l'originaire n'a d'autre fin que de déchiffrer la vocation et la destination des arts plastiques. Ce qui se présente au premier abord comme une approche anhistorique des arts, par assignation à chacun d'un

---

1. M. Merleau-Ponty, *L'œil et l'Esprit*, Paris, Gallimard, 1964.

domaine sensible et, de là, d'une essence et d'une finalité, s'avère plus proche d'une conception transhistorique ouverte à l'histoire et au devenir des formes que d'un essentialisme quand, à l'analyse, on s'avise que dans cet essai Fiedler s'intéresse moins à la forme qu'à la formation elle-même, à l'activité formatrice, y compris dans ses aléas historiques, ses stagnations, voire interruptions, et ses réinventions. Bref, à la création ou plutôt, on le verra, à la re-création.

La visibilité, en effet, n'est pas donnée, elle fait l'objet d'un travail de création ; ou si elle est donnée, elle ne l'est que de façon latérale, enveloppée dans une expérience qui la retient plus qu'elle ne la délivre. Post-kantien et fils de son temps, notamment de la philosophie du langage de Humboldt, Fiedler ne pense pas que rien nous soit jamais donné sans être préformé. Selon l'enseignement kantien, l'expérience ne livre que ce que « nous y mettons nous-mêmes », à quoi vient s'ajouter la leçon humboldtienne qui montre l'action essentielle, bien qu'inaperçue, du langage jetant le filet de ses catégories et de ses construction syntaxiques sur le grimoire désordonné du réel. Il s'ensuit que ce que nous voyons n'est jamais que ce nous reconnaissons à l'aide des mots qui en permettent identification, opposition et classification. Ce que le langage ordinaire fait sans y penser, les sciences le font quant à elles le sachant, certes plus rigoureusement et méthodiquement, par constructions et hypothèses. L'expérience première du visible, quant à elle, est par ailleurs fondamentalement impure, contaminée par les sensations et informations livrées par les autres sens, le toucher particulièrement. Cette invisibilité paradoxale du visible, par simplifications, lacunes et mélanges, est essentiellement le fait de la polarité de l'attention visuelle toujours orientée par des intérêts pratiques, vivre, ou théoriques, connaître, ce qui dans les deux cas se résume en prévision. De sorte que croyant voir, nous ne faisons que revoir ce que nous reconnaissons ou prévoir ce que nous attendons ou redoutons. La vie, par nécessité, nous rend aveugles au visible.

Il s'ensuit pour Fiedler la tâche de dégager la vue de la taie qui l'obstrue en focalisant dans l'expérience sur ce qui serait du visible pur, indemne de tout langage, de toute information adventice, en bref de toute culture. Mais cette épuration du visible qui le présenterait aussi nu que la vérité sortant du puits n'est pas moins inaccessible ; c'est que tout flue dans le monde de notre perception qui n'est que « branle pérenne » (Montaigne), comme un film qui ne montrerait que des images sans suite et à peine ébauchées aussitôt disparues. Une fois levée la herse du langage qui donnait prise sur le monde et réglait les successions, il n'y a plus qu'instabilité et chaos des sensations. C'est là que Fiedler prend congé de l'esthétique réceptive et contemplative, trop occupée à fixer ce qui ne peut l'être qu'au prix d'être réduit à presque rien, un mot, une phrase, une illustration, ou bien condamnée à se perdre dans la nébuleuse du sensible ; rien qui puisse restituer l'éclat et l'état d'affect de la sensation. La densité de la sensation, même en un éclair, aussi ténue soit-elle, est l'intuition qu'il oppose à la grande entreprise de mise en ordre du langage, aussi nécessaire que réductrice mais par là même appelant compensation. Il ne s'agit plus de prendre le monde mais de le surprendre dans sa manifestation. Fiedler n'a rien du romantique revendiquant les droits de la subjectivité face au positivisme conquérant des sciences ; s'il voit dans l'art une expression par la forme, ce n'est pas pour ouvrir la porte de l'intériorité et de l'intime mais tenir ouvert un monde que la science, comme le dira plus tard Merleau-Ponty, renonce à habiter pour le manipuler ; non pas tout le monde, comme un panorama, mais le monde comme ce tout présent en chacun du moindre de ses fragments, aussi infime ou banal soit-il.

Plus d'une fois, on se surprend à penser que le texte de Fiedler est travaillé par un modèle dont il ne parle jamais qu'une fois en passant et dont pourtant il est le strict contemporain : la photographie. Son vocabulaire est à cet égard significatif. Révélation est un mot qui revient assez souvent sous sa plume, davantage sans doute dans le lexique d'une phénoménologie avant l'heure mais non sans évoquer, s'agissant d'une mise à jour du visible comme tel, la technique photographique de la révélation de l'image par le produit chimique qui ne s'appelle pas pour rien un révélateur et qui, pour produire son effet, doit être soigneusement soustrait à la lumière naturelle. La photographie efface d'abord le monde dans ce qu'il a de plus concret et mêlé pour extraire de la chambre noire sa seule aspectualité ; qu'elles se veuillent descriptives, informatives, sensationnelles ou artistiques le dénominateur commun de toutes les photographies est la réduction du monde au visible, à l'exclusion de tous les autres sens, qui en fait ce que Walter Benjamin appellera plus tard sa valeur d'exposition. C'est même avec la photographie que le monde se fait exposition intégrale sans l'aura qui le tenait à distance et en réserve d'invisible. Il n'est pas rare non plus que Fiedler parle de l'œuvre d'art comme résultat du « développement » d'un matériau sensible à peine aperçu dans la perception ordinaire dont il s'agit de l'extraire en vue de son exposition pure. A la différence du toucher toujours lié à l'expérience « ici et maintenant » de l'objet, c'est même le privilège exclusif du visuel de pouvoir détacher la vue de l'objet sous la forme d'une image autonome faite de couleur, de lumière et d'ombre et de lignes :

> il devient alors possible de développer la matière de réalité sensible en une expression d'elle-même. C'est comme si le pouvoir sensible, qui était muselé, privé de langage, lorsqu'il était toucher, devenait

capable de s'énoncer lui-même lorsqu'il accède à cette forme supérieure de développement, la vue[1].

L'obstacle à l'émancipation du toucher comme pure matière d'expression, ce qu'on pourrait appeler, par analogie avec le visible, le « touchable », tient à ce qu'il ne s'active pas hors du contact avec l'objet dont il reste indissociable ; un pur toucher, délivré de l'altérité et de la compromission avec l'objet, est dès lors inconcevable. Si, du point de vue de la possibilité d'une expression sensible autonome, on peut néanmoins s'étonner de l'absence de référence dans le texte de Fiedler au son et à la musique, le moins « réaliste » des arts et par là celui qui offrirait le meilleur exemple d'un « langage » sensible autonome, une raison probable en est sans doute qu'il ne se prête pas aux mêmes équivoques et confusions que la vue et n'appelle pas de ce fait une vigilance critique pour en restituer la pureté ; la seconde raison, d'ordre ontologique celle-là, est qu'il ne semble pas que le son, trop abstrait en un sens, soit pour Fiedler une voie d'accès privilégiée à la révélation de la nature et du monde.

Le privilège de la vue tient paradoxalement à ce qu'elle est suffisamment engagée dans le monde mais, en même temps, en capacité de s'affranchir de sa matérialité et de l'en affranchir. Entre le toucher qui adhère trop au monde et le son qui s'en abstrait, la vue serait un milieu, non pas, ni trop près ni trop loin, juste milieu à égale distance de l'un et de l'autre mais lieu d'une équivoque efficiente où se jouerait avec son devenir visible la possibilité pour le monde de se produire plutôt que d'être reproduit. Le monde n'est pas plus donné, ce qui se trouve là, milieu de vie pour les besoins, que moyen à disposition de nos pouvoirs, il est, ce que veut dire proprement le possible, ce qui peut arriver, ce qui est en puissance d'arriver dans une forme qui le rend visible.

---

1. K. Fiedler, *Sur l'origine de l'activité artistique, op. cit.*, p. 53.

Si la nature est ce qui nous est donné à l'intersection de nos besoins et de nos efforts d'intelligibilité des phénomènes, l'apparence, le monde est ce qui arrive, l'apparaître. Aussi le visible, qui en est l'arrivée, ne se livre-t-il qu'au-delà de la vue qui occulte le monde par usage ou intelligence, et de l'œil qui se contente de l'enregistrer passivement. Pour redonner vie au monde, il faut faire en sorte qu'il arrive, le donner à voir dans son apparition, et tel est pour Fielder le jeu de l'art qui doit mettre « en forme le visible »[1] pour le donner à voir apparaissant. Puisque le monde est ce qui se donne à voir, il revient à l'art de le « faire voir » comme activité, *energeia*, plutôt que comme produit, et l'artiste est celui qui dans son activité imite l'opération de la nature dont la visibilité n'a rien pour Fiedler d'une passivité et tout d'une activité. D'où son insistance sur le caractère processuel de l'activité artistique qui ne vise pas tant à faire une œuvre qu'à faire œuvre et à mettre le visible à l'œuvre :

> Revivre le processus de l'activité par lequel la nature prend la forme d'un produit de l'art est le seul biais qui permette de suivre l'artiste sur son terrain et de la comprendre dans son idiome. A quoi peut bien servir de voir si l'insatisfaction qui s'ensuit n'enclenche pas le besoin de transformer la vue en activité et de s'approprier la nature en tant que visible par une intensification de l'expression ?[2]

Le visible n'est pas simplement donné à voir, objet et spectacle à contempler, il devient milieu dont l'art se nourrit pour en réveiller la puissance latente. La visibilité n'est alors rien d'autre que la mise en présence du visible comme modalité primordiale de l'ex-sister.

Or, n'est-ce pas cela que réalise la photographie, ou du moins qu'on peut croire qu'elle réalise ? L'appareil photographique analogique présente en effet un dispositif nouveau qui combine

1. *Ibid.*, p. 90.
2. *Ibid.*, p. 93.

deux procédures, l'une optique-iconique qui capte la lumière et détache la vue de l'objet dans son image, l'autre chimique-indicielle qui en permet l'enregistrement sur un support argentique et en assure la survivance. La photographie serait une sorte de toucher par les yeux, un toucher de loin procédant à l'extraction autonome du visible et diffusant son rayonnement indépendamment de l'objet photographié. Fiedler a cependant trois bonnes raisons de ne pas la prendre pour modèle. La première, elle est reproductrice, mécanisation standardisée d'une mimésis qui rend le visible plutôt qu'elle ne rend visible, qu'elle n'absorbe que pour le restituer, alors que l'image artistique n'a pas pour enjeu la ressemblance mais la production même du visible. La deuxième, conséquence de la première, est qu'elle reste essentiellement fixée sur l'objet dont elle prélève en quelque sorte l'empreinte, l'identité visuelle, sans se soucier de dégager la visibilité pour elle-même, couleurs et lignes, qui requiert au contraire d'être « déchargée du fardeau de l'objet » pour apparaître dans « une configuration libre et autonome »[1]. La troisième raison tient à ceci qu'elle fait moins l'image qu'elle ne la capte et la saisit, procédant par enregistrement plutôt que par activation d'un matériau. La photographie reste un regard, une vue sur quelque chose qu'elle arrête et fixe, alors que l'art s'il commence avec le regard doit rompre avec lui, quitter des yeux ce qu'il s'agit de produire au moyen d'une activité configurante où la main doit prendre le relais de l'œil. Le tableau, pour prendre l'exemple de la peinture, n'est pas une fenêtre avec vue, c'est d'abord un écran qui occulte le monde, c'est ensuite une table d'opération où d'un matériau visuel approprié il s'agira de faire surgir la visibilité : « la matière est pour ainsi dire acculée à se renier, elle ne sert qu'à exprimer une entité aussi dépourvue de matérialité que la figure des choses telle qu'elle s'offre à la

---

1. K. Fiedler, *Sur l'origine de l'activité artistique*, op. cit., p. 87.

vue »[1]. L'œuvre résulte d'une double négation, celle de l'objet représenté dont elle se détache pour en produire comme image la pure « figure », on pourrait dire aussi l'allure, et celle du matériau utilisé qui passe dans la forme qui l'exprime. L'art est au-delà de la perception, expression et intensification du visible.

Il s'agit donc de voir, de « voir pour voir »[2] plutôt que de voir « pour », en vue de quelque fin sensible ou intellectuelle. Il ne s'agit pas même de voir pour observer, détailler un aspect, contempler, ce serait encore réduire la vue à un transit, à une traversée de l'espace visible en direction de l'objet de l'attention :

> l'art ne commence que lorsqu'on arrête de regarder … sa nature a le don particulier de le faire passer directement de la perception visuelle à l'expression visuelle. Son rapport à la nature n'est pas du registre du regard mais de l'expression[3].

Si le visible est le site d'apparition de toute existence, le milieu où elle prend vie et forme, il appartient à l'art de le faire voir comme tel en se déprenant de l'obsession de l'objet, sauf précisément à en faire le faire-valoir du visible, son miroir et sa révélation. Pour Fiedler, contrairement à Hegel, il n'y a pas un au-delà du visible qui serait l'idée visée à travers lui, il n'y a pas à traverser les apparences pour gagner la rive définitive et stable de l'absolu réalisé, parce qu'il n'y a pas de rive mais rien que l'arrivée même du visible, perpétuellement recommencée, dont toute existence est la manifestation et le moindre objet l'éclat d'être. Témoin ce passage :

> c'est par elle [la tâche artistique] que l'artiste, à quelque peuple, à quelque époque qu'il appartienne, s'affronte à la nature, *sans aucune*

1. *Ibid.*
2. *Ibid.*, p. 53.
3. *Ibid.*, p. 67.

*médiation*, et qu'il agit, comme s'il était le premier et le dernier à extorquer à la nature le secret de son apparence visible [1].

Ce qu'écrit Giorgio Agamben à propos du statut de l'image chez Guy Debord s'applique assez bien à Fiedler :

> la conception courante de l'expression est dominée par le modèle hégélien d'après lequel toute expression se réalise par un *medium*, que ce soit une image, une parole ou une couleur, qui à la fin doit disparaître dans l'expression accomplie. L'acte expressif est accompli une fois que le moyen, le *medium*, n'est plus perçu comme tel. Il faut que le medium disparaisse dans ce qu'il nous donne à voir, dans l'absolu qu'il montre, qui resplendit en lui. Au contraire, l'image qui a été travaillée par la répétition et l'arrêt est un moyen, un *medium* qui ne disparaît pas dans ce qu'il nous donne à voir. C'est ce que j'appellerai un « moyen pur » qui se donne à voir en tant que tel. L'image se donne elle-même à voir au lieu de disparaître dans ce qu'elle donne à voir [2].

Le visible est bien dans l'optique de Fiedler ce « moyen pur », plutôt que « pour », qui consiste et se donne à voir pour lui-même sans qu'il y ait lieu de le dépasser vers un objet ou une idée, à la différence près cependant, dont on ne s'étonnera pas qu'elle le sépare du cinéma de Debord, qu'il n'est pas sans prise ni surprise ontologiques car « alors, écrit Fiedler, naissent des œuvres dans lesquelles la visibilité de l'être s'affirme avec une telle perfection et conviction qu'elles nous apparaissent avec la puissance de la révélation » [3]. Tandis que pour Debord la résistance de l'image à son propre effacement relève l'absentement de l'être comme vraie vie à laquelle s'est substitué le spectacle, pour Fiedler, tout au contraire, elle désencombre les voies d'accès à l'être pour inviter

---

1. K. Fiedler, *Sur l'origine de l'activité artistique*, op. cit., p. 91. Nous soulignons.
2. G. Agamben, « Le cinéma de Guy Debord » (1995), dans *Image et mémoire*, Paris, Hoëbeke, 1998, p. 74-75.
3. *Ibid.*, p. 102.

à participer à sa manifestation. A l'art comme critique s'oppose une conception de l'art comme intensification du rapport au monde auquel, loin de nous en séparer, il introduit : « tout se passe comme si l'homme n'existait que pour voir et le monde ne valait que pour sa visibilité »[1]. L'art n'est rien de moins que le médium privilégié de l'être, non pas au sens d'une médiation mais comme milieu où il prend vie et forme, d'où lui vient sa valeur d'absolu avec l'affirmation de sa présence dans « l'objet le plus banal de l'existence quotidienne »[2] :

> il vaut par ce qu'il accomplit en lui-même et à chaque instant de façon pleine et entière. En nous amenant à un degré de présence de l'être, qui se réalise en lui, il libère involontairement notre esprit de toutes les contraintes sous lesquelles nous apparaît l'image de la vie et il fait naître en nous une conscience claire de la réalité, dans laquelle subsiste uniquement la certitude de l'être, indépendante de toute durée, libre de tout déroulement temporel[3].

L'art est la part d'être que la vie peut soustraire à l'utilité et à l'histoire commune et qu'il est seul en son pouvoir de révéler sans pour autant jamais l'achever.

Mais si l'art fait être, à entendre au double sens objectif de l'être saisi sur le fait et subjectif pour l'artiste et l'amateur qui s'en trouvent saisis et transportés, et si, même, il fait être en faisant voir, alors il importe davantage de faire que de voir et d'être du côté de la fabrique des apparences et de l'image, du côté d'une *poïesis* par conséquent, plutôt que de celui d'une réception esthétique qui livre l'œuvre déjà faite sans trace des opérations qui y conduisent. On n'accèdera à ce que l'œuvre fait voir en lui donnant forme visible qu'en y trouvant et réactivant les traces du

1. *Ibid.*
2. *Ibid.*, p. 103
3. *Ibid.*, p. 111.

mouvement qui l'a produite. Pour faire voir et « extorquer à la nature le secret de son apparence visible », donc en rejouer, pour la reprendre à son compte, la visibilité, il ne suffit pas de voir et de recevoir, il faut remonter à la source qui produit et lève les apparences en une forme qui se tient d'elle-même, passer du côté d'une nature naturante qui ne se laisse surprendre qu'à en produire, et non reproduire, les effets. Le « faire voir » qui expose la forme se double donc pour entrer dans la durée d'un « voir faire » dont l'œuvre doit porter les traces afin que le regard puisse en ré-initier et réactiver la venue. Puisqu'il n'y a que « l'activité qui met en forme le visible et non pas l'œil »[1], trop passif quant à lui et toujours trop prévoyant à anticiper des formes inconvenantes aux matières, il y a nécessité de recourir à la main, aveugle mais sensible et inventive, pour tirer des propriétés du matériau, à coups d'essais répétés, les éléments constructifs de la forme et les composantes de sa texture. L'œuvre n'est ni un objet qui se laisse voir, ni un projet qui se laisse prévoir, elle est ce qui porte en elle les conditions de son expérience en restant ouverte à qui s'efforce d'en refaire le cheminement. Si dans la perception la vue est passive ou simplement récognitive, l'œuvre l'élève à hauteur d'une activité formatrice qui ne découvre ce qu'elle fait qu'en même temps qu'elle le fait et qu'on le refait avec elle. L'œuvre, *ergon*, n'a de sens qu'à porter dans sa forme l'empreinte de l'*energeia* qui en a forcé la manifestation dans le visible, qu'à mettre en vue les conditions de sa mise en visibilité.

C'est en quoi Fiedler donne congé à l'esthétique qui se contente de se tenir *devant* l'œuvre au profit d'une poïétique qui conduit à entrer *dans* l'œuvre pour en ressaisir le mouvement constituant. On en trouvera, avec Philippe Junot[2], bien des exemples dans la

---

1. G. Agamben, « Le cinéma de Guy Debord », *op. cit.*, p. 90.
2. Ph. Junot, *Transparence et opacité. Essai sur le fondement de l'art moderne*, Lausanne, L'Age d'homme, 1976.

peinture moderne, ne serait-ce que chez Manet où l'image se nourrit de la matérialité de la peinture, autant pour s'avouer comme telle que pour se nourrir et vivre de ses échanges avec elle, être défaite et refaite par le regard actif de l'amateur. Le titre de l'essai de Fiedler dit clairement que ce qui lui importe dans l'art est moins son résultat que le processus formateur et créateur dont il témoigne dans la forme qui le condense et l'expose. Faute de l'entrée dans l'œuvre, ce qui suppose aussi qu'elle s'y prête, le risque est qu'elle soit seulement versée au registre de la culture, ce qui n'est sans doute pas négligeable mais désobligeant pour l'art.

Par Mallarmé, croquis de Manet dans son atelier :

> En l'atelier, la furie qui le ruait sur la toile vide, confusément, comme si jamais il n'avait peint – un don précoce à jadis inquiéter ici résume avec la trouvaille et l'acquit subit : enseignement au témoin quotidien inoubliable, moi, qu'on se joue tout entier, de nouveau, chaque fois, n'étant autre que tous sans rester différent, à volonté. Souvenir, il disait, alors, si bien "L'œil, une main …" [1].

Manet fond sur la toile vide de tout objet et projet et s'y met « comme si jamais il n'avait peint … », sans l'ombre d'un souvenir, pour faire venir et advenir, précisément, de la peinture seule par « la trouvaille et l'acquit subit ». Il s'y jette « tout entier, de nouveau, chaque fois », commencement sans préméditation ni culture et technique puisqu'il faut chaque fois tout risquer pour que surgisse autre chose que l'attendu de l'intention, une naissance. Pour cela, « l'œil », qui va droit au but, qui le voit mais ne sait comment y aller, « une main » qui fait sans voir ni savoir, désaccordés – pas de « et » pour le faire – pour mieux se trouver, pour voir ce que ça fait, l'effet.

---

1. Mallarmé, « Edouard Manet », dans « Quelques médaillons et portraits en pied », *Divagations*, Paris, Poésie-Gallimard, p. 159-160.

Les limites de cette théorie d'une visibilité opérante ne tardent pourtant pas à apparaître. S'il s'agit toujours, chez quelque artiste et à quelque époque que ce soit, d'architecturer le visible et de le faire saillir dans une forme à même de garder vive la trace de sa formation, l'art n'est alors que l'effort incessant d'appeler l'être à la visibilité et à la clarté à l'encontre de son enfouissement dans les plis obscurs et retors de l'histoire et de la vie. Qu'il y faille des formes différentes tenant aux différences d'époque n'exonère pas l'activité artistique d'une vocation immuable qui est d'extraire du monde fini et fluctuant des apparences l'inépuisable rayonnement ou recommencement de l'être. Si, pour reprendre son exemple, Manet n'est que l'effort renouvelé de capter l'énergie du visible sous les habits neufs de son époque, d'en surprendre l'éclat sur le haut-de-forme huit reflets du bourgeois parisien plutôt que sur la blancheur amidonnée de la fraise du marchand flamand de Rembrandt ou Frans Hals, qu'en est-il alors de sa modernité? Car, ce n'est pas de peindre son époque, ce que d'autres que lui ont fait d'abondance [1], qui fait Manet moderne mais d'avoir engagé la peinture sur la voie nouvelle d'un tableau qui expose frontalement, telle son effrontée *Olympia*, les moyens de production de sa visibilité.

## médium versus media

Le médium n'a rien à dire, ne raconte rien, il est muet, le médium n'est pas un média. Le tableau n'est pas un facteur porteur de lettres à déchiffrer selon la technique freudienne de l'interprétation des rêves, ni grimoire mythologique ni journal intime. D'ailleurs les lettres du peintre ne sont jamais à lire, justes visibles, comme celle que tient la *Bethsabée* de Rembrandt, toute pensive, mise à nu, désarmée, désarmante. Comme il rend bien le dilemme qui

---

1. Par exemple, selon Baudelaire, Constantin Guys.

la saisit, dira du peintre celui qui connaît l'histoire à laquelle renvoie le tableau, mais faut-il en avoir connaissance pour être capté par lui ? Rien n'est moins sûr. Le spectateur pourra se raconter bien des histoires à la vue du tableau mais n'est-ce pas plutôt dans ce qu'il tient en suspens, dans ce qu'il montre plutôt que dans ce qu'il est censé raconter, qu'il agit directement. Bethsabée, finalement, ne serait-elle pas, bien avant le modernisme proprement dit, l'emblème de la peinture moderne ? Mise à nu par le retrait du récit qui enténèbre la scène, contrairement à une première version, l'œuvre est livrée au désœuvrement, à l'exploration et à l'interrogation du regard non prévu par l'histoire. On peut certes alléguer l'intention de Rembrandt de cerner au plus près l'intimité de son personnage en évitant les détails anecdotiques mais il n'est pas interdit de voir dans le tableau, à la lumière de ce qu'il est devenu, plus ou autre chose que ce que le peintre lui-même a voulu y mettre. Ceci rappelle les critiques contre le musée accusé de couper les œuvres du contexte qui leur donne sens, de les réduire à des artefacts pour la connaissance ou la délectation esthétique. Justifiées en un sens, elles sont pourtant facilement réversibles en arguments favorables à l'institution muséale. Hegel a été de ceux qui ont vu dans le musée la construction d'une scène mondiale des arts et des œuvres. Si la *Bethsabée* de Rembrandt peut encore atteindre le spectateur, malgré l'ignorance où il est de son histoire, n'est-ce pas une preuve que la peinture se tient en elle-même, par elle-même, qu'elle se fraye un chemin par la sensation plutôt que par les mots ? La lettre est à voir, comme est à voir, exposée, la nudité abandonnée de son sujet en proie à on ne sait quelle perplexité, absente à la scène qui la montre. C'est cette intimité scellée qui, dans la plus grande proximité qui soit, femme à sa toilette, la tient en réserve du regard, le nôtre, lequel ne peut mieux faire qu'en garder, regarder, le secret. Comme aux pieds de sa maîtresse la muette servante, la peinture ne confie ses secrets qu'au silence étouffé de lourdes étoffes et de draps noués, aux boucles en suspens, à une tresse pendante, à la douce inclination d'une tête, qu'aux touches chauffées de l'intérieur dans la mêlée sourde des tons. Le tableau se tient dans ce qu'il retient, non l'histoire qu'il illustre ni le sujet représenté, souvent oubliés et peut-être grâce à lui retrouvés, mais ce qui s'y présente encore au présent dans la trame sensible qui est la sienne et continue à faire son effet ? Au fond du fond, ce qu'il envoie n'a pas de sens, n'offre rien à déchiffrer, se tient juste dans son effet, à sa surface : la si belle nudité défaite de Bethsabée qui nous retient dans son surgissement.

Bien qu'elle ne parle pas, la peinture est langage, celui d'abord de ses matières et non celui de l'esprit ou de l'idée. Elle n'est pas information d'une matière amorphe, glaise ou servante plus ou moins docile aux sollicitations de la pensée. D'Aristote vient l'idée que la matière ne serait bonne qu'à recevoir le contour et le dessein de l'idée, qu'elle s'y prêterait bon gré mal gré, la ruse aidant, pour accueillir la forme qui en aurait besoin pour se faire voir et se concrétiser ; de bois, de marbre ou de bronze, la statue vaudrait son modèle plus que sa matière qu'elle effacerait en le réalisant. Pourtant, quel que soit le canon esthétique utilisé, celui par exemple qui prescrit des proportions réglées et codifiées, il ne fait aucun doute que la matière y parle son langage et que, de bois, de marbre ou de bronze, Vénus n'aura pas le même éclat ni le même effet, non qu'ils soient moindres dans un cas ou dans l'autre mais différents de contexture et de tonalité. Hegel a bien vu l'affinité nécessaire en art de l'idée et de sa matière mais il n'a pu s'empêcher de transporter dans les matériaux la dialectique idéal de l'esprit en les hiérarchisant au service du progrès de l'idée : la pierre lourde et pesante comme le symbole qu'elle dresse dans l'espace, la peinture sur bois stéréotypée des icônes byzantines, la peinture à l'huile sur toile des renaissances italienne et flamande, plus vivante et nuancée. Il n'a pas vu non plus ce que le travail de la matière donne à penser, qu'il est seul à donner à sentir et penser, effet sans doute de son logocentrisme mais plus encore de son oculo-centrisme[1] qui lui fait ignorer le rôle de la main dans la vision et dans le travail du peintre. Non seulement la matière n'obéit pas au doigt et à l'œil à l'esprit mais elle lui fait voir et sentir ce qui sans elle ne lui serait jamais venu à l'idée. C'est déjà ce qu'implique sa spécification en matériaux hétérogènes qui n'ont ni le même langage ni les mêmes virtualités expressives. Saluant dans la Tour Eiffel le monstre en fer boulonné brutalement lancé à l'assaut des rondeurs haussmaniennes et des joliesses néo-renaissantes à la Viollet-le-Duc, Gauguin s'élevait déjà contre les usages intempestifs du fer qui l'enfermaient dans les citations d'un art du passé et revendiquait pour la nouvelle architecture « une décoration homogène avec sa matière »[2]. C'est dans le même esprit qu'il travaillait à libérer la couleur pure en peinture, à la délivrer des mélanges et des idées qui l'obscurcissaient et finalement la niaient. Libérer la couleur, cela voulait dire la laisser agir et produire son effet, en tapisser l'œil aussi loin de toutes les imitations de la nature que des illustrations de textes, et de façon plus générale, cela voulait dire écouter et éprouver les matières dans ce qu'elles ont de particulier.

Il y aurait de ce point de vue à reprendre la distinction entre matière et matériaux pour l'infléchir dans un autre sens. Sous un premier aspect, la matière désigne le substrat indifférencié qui sert à la matérialisation des formes, le matériau identifie une matière qualifiée par des propriétés spécifiques, bois de construction (c'était d'ailleurs le sens du mot latin *materia*), marbre ou bronze, celui-ci renvoyant à une pratique technique définie, celle-là à la généralité

1. Sur le concept d'oculo-centrisme, lire M. Jay, *Downcast Eyes. The Denigration of Vision in Twentieth-Century French Thought*, Berkeley, University of California Press, 1993.
2. P. Gauguin, *Oviri*, « Note sur l'art. L'exposition universelle », textes rassemblés par D. Guérin, Paris, Folio-Gallimard, 1974, p. 47-48.

du concept philosophique. Cependant, dans la mesure où il est lié à un usage et à une fonctionnalité, par exemple la construction, le matériau évoque davantage le métier et la fabrication que la création, quand bien même celle-ci les implique d'une manière ou d'une autre. Il serait donc préférable de lui substituer le terme de matière au pluriel, matières donc, pour rendre compte du fait que si les artistes mobilisent des matériaux, c'est pour leur faire jouer le rôle de support de l'œuvre, cas de la toile et du châssis pour le tableau, et plus encore pour les solliciter dans le processus créateur en dehors des pratiques normées du métier, cas des pigments et des couleurs. Il s'ensuit que la matière de l'œuvre n'est pas donnée, n'est jamais matière première ou indifférenciée, mais qu'elle est élaborée et produite dans le processus qui la singularise. Le jaune de chrome de Gauguin n'est pas celui de Van Gogh, ni le rouge de Matisse celui de Picasso. Deleuze et Guattari vont dans ce sens quand il pointe dans la sensation l'opérateur du passage du matériau à la matière : « La sensation ne se réalise pas dans le matériau sans que le matériau ne passe entièrement dans la sensation, dans le percept ou l'affect. Toute la matière devient expressive » [1]. Le matériau donne les conditions techniques du passage mais seule la matière, produit du processus créateur, l'effectue et libère les puissances d'expression. La tâche de la peinture est de produire la tache, la macula, qui d'un matériau, le pigment coloré, la couleur, fait un langage sensible, une sensation subsistante. La matière outrepasse le matériau, le traverse, et d'une certaine façon le renverse, de manière à faire du moyen technique une fin expressive. La peinture n'imite pas plus la nature qu'elle n'illustre une idée ou un imaginaire, elle dispose les matériaux à l'expression.

Du coup, la question de la frontière entre les arts qui a partagé philosophes, esthéticiens et critiques d'art ne peut plus se poser

---

1. G. Deleuze, F. Guattari, *Qu'est-ce que la philosophie?*, Paris, Minuit, 1991, p. 157.

dans les mêmes termes qu'au XIX $^e$ siècle et au début du XX $^e$. Benedetto Croce reprochait à Lessing et Hegel de diviser et de compartimenter les arts pour leur opposer leur profonde unité d'inspiration et leur mise en résonance dans la singularité des œuvres :

> Qui a une sensibilité artistique trouvera dans un vers, si petit soit-il, à la fois ce qu'il a de musical et de pictural, sa force sculpturale et sa structure architectonique ; de même dans un tableau car la peinture n'est jamais affaire d'œil mais toujours d'âme et elle existe dans l'âme, non seulement comme couleur mais aussi comme son et comme parole et même comme silence qui est à sa manière son et parole. Mais, dès que l'on s'efforce de saisir séparément cette musicalité et cette picturalité et toutes ces autres choses, elles se dérobent et se transforment les unes dans les autres, se fondant dans l'unité, bien que l'usage soit de les distinguer en les nommant séparément ; ce qui prouve que l'art est un et ne se divise pas en arts particuliers. Un et tout à la fois infiniment varié, non pas varié selon les concepts techniques des arts mais selon l'infinie variété des personnalités artistiques et de leurs états d'âme [1].

Le reproche de Croce est assurément fondé et fait écho au régime artistique du XIX $^e$ siècle qui voit les correspondances entre les arts prendre le pas sur leur antique parallèle, le *paragone*, qui les assignait dans des frontières précises et les hiérarchisait. Il dénonce à juste titre la confusion entre les moyens techniques des arts et ce que Riegl appelle « la volonté d'art », laquelle l'emporte sur la détermination technique. Mais c'est aussitôt pour donner dans une métaphore généralisante, les correspondances en échos entre les arts, qui fait trop bon marché du champ sensible projeté par tel ou tel art. L'appel à l'âme qui transcende le matériau ne rend pas compte de ce Deleuze appelle la « clinique » des arts, de l'investissement hystérique de la vision par la peinture ou de la

---

1. B. Croce, « Aesthetica in nuce », dans *Essais d'esthétique*, rassemblés par Gilles A. Tiberghien, Paris, Tel-Gallimard, 1991, p. 62-63.

tendance schizophrénique de la musique [1]. C'est justement parce que l'art part de son matériau, l'investit et le traverse qu'il peut le porter au-delà de ses limites techniques et de ses usages normés et l'élever à hauteur des autres arts pour faire, par ses propres moyens, ce que font les autres arts. C'est ainsi que Bacon qui un moment ambitionnait de faire de la sculpture pour atteindre ce qu'il voulait faire, des figures qui ne seraient ni illustratives ni narratives, y est bien mieux parvenu en faisant de la sculpture par les moyens de la peinture, avec ses étonnantes figures peintes et nettoyées, dressées dans des vitrines ou s'écoulant de fauteuils fatigués. Gauguin de même a cherché dans sa peinture l'équivalent de la cuisson des couleurs dans la céramique ou de l'écoute sans phrase des tapis chatoyants de l'Orient : « de la couleur seule comme langage de l'œil qui écoute » [2]. La peinture est ce milieu, le médium, où s'effectue la transfiguration qui des matériaux extrait une matière sensible. Si elle n'est pas média, c'est parce qu'elle ne communique rien qui ne ferait que transiter par elle, c'est tout au contraire qu'elle fait tout passer par elle pour le transformer en sa propre matière et se pousser, d'un même mouvement, hors de ses frontières : « vision dévorante », disait Merleau-Ponty, « hystérie » portée à hauteur d'art selon Deleuze. Mais la peinture serait-elle plus qu'un aimable passe-temps si ce qui passe et déborde la pensée ne s'y frayait un chemin ? L'art pour l'art a beau avoir toutes les raisons de protester contre la subordination de l'œuvre à l'idée et son assignation à une fonction, de revendiquer le libre jeu de l'imagination des matières, il trouve sa limite dans la revendication d'une autonomie qui ne tourne qu'au plaisir de la rime ou de l'œil. Ce n'est pas rien de pouvoir jouer librement des formes mais la beauté est d'autant plus forte

---

1. Voir notamment, G. Deleuze, *Francis Bacon. Logique de la sensation*, Paris, La Différence, 1981, chap. VII, p. 36-38.
2. P. Gauguin, *Oviri, op. cit.*, p. 178.

qu'on en reçoit un excès qui trouble l'harmonie de la belle forme
où les limites du pensable et du sensible sont atteintes et franchies,
du fait qu'un inouï s'y présente. La finalité sans concept de Kant
est une grande idée esthétique mais n'impose-t-elle pas encore à
la chose ou à l'œuvre d'avoir la forme d'une finalité, dût-elle être
pour cela imprévue, pour donner lieu à la belle représentation ?
L'œuvre du génie est celle, en effet, qui s'y prête d'autant mieux
qu'elle se présente sous l'aspect d'un tout harmonieux sans le
savoir qui la conformerait à un modèle. C'est d'être inconsciemment
bien formée, et par là de disposer au libre accord des facultés, qui
fait tout son prix. Entendue en ce sens, on comprend que la beauté
soit une promesse de réconciliation de l'homme avec lui-même,
des hommes entre eux et de l'homme avec la nature, puisque son
expérience permet le dépassement de la tragique dualité humaine
dans le sentiment d'un « épanouissement de la vie ». D'où sa vertu
d'apaisement présente dans ce que Nietzsche a appelé le règne
apollinien de l'art où s'ouvre l'espace public d'une communicabilité
et d'une entente. Mais s'en tenir là, au double refus du descriptif
et de l'illustratif, risque de mener à un pur esthétisme où il n'est
jamais question que d'une beauté toute formelle, réduite à la
délectation et à la contemplation, aux pesées subtiles et aux saveurs
raffinées du goût. A ce stade esthétique, l'œuvre *fait* moins la
différence qui l'impose dans son espace propre qu'elle ne prend
rang, par ressemblance avec eux, parmi les chefs d'œuvre. La
beauté n'a plus rien alors d'une saillie soudaine ou d'un retrait
lointain, d'un éclat sans pareil ou d'une profonde obscurité, elle
ne renvoie plus que l'air de famille des tableaux de musée qui se
reconnaissent entre eux. Mais alors, si le libre jeu et l'harmonie
de la belle représentation n'y suffisent pas, qu'est-ce qui va vraiment
faire la différence ?

La question est : comment sortir de la peinture par la peinture ?
L'autonomie de la peinture ne peut se réduire à se prendre elle-même

pour objet, à décliner ses attributs, – ligne, couleur, trait, tache, support, surface –, quand bien même elle devrait passer par là, elle ne trouve sa vraie portée qu'à ouvrir à un dehors qu'elle est seule à pouvoir expérimenter et explorer ; dans une hétéronomie qui l'appelle hors de ses frontières et de son territoire constitué. Pour cela, il faut qu'une tension anime le tableau, le sorte de son cadre et du repos en soi-même qui le retient dans la contemplation, le contraire par conséquent d'un apaisement :

> Depuis longtemps les philosophes raisonnent les phénomènes qui nous paraissent surnaturels et dont on a cependant la sensation. Tout est là dans ce mot. Les Raphaël et les autres, des gens chez qui la sensation était formulée bien avant la pensée, ce qui leur a permis, tout en étudiant, de ne jamais détruire cette sensation, et rester des artistes. Et pour moi le grand artiste est la formule de la plus grande intelligence, à lui arrivent les sentiments, les traductions les plus délicates et par suite les plus invisibles du cerveau [1].

Avant la description qui relate, l'illustration qui donne forme, l'explication qui donne à comprendre, et plus rapide que toute pensée, il y a la sensation qui touche directement au « surnaturel », l'enregistre et le formule. Si Gauguin retrouve implicitement la figure médiumnique de l'artiste, ce n'est certainement pas pour transformer le tableau en table d'occultiste ou de spirite, très en vogue à son époque, et y convoquer le bavardage des esprits mais pour rendre visible ce que le « naturel », à savoir ce que la connaissance, la pensée et la culture désignent tel à un moment donné de leur histoire, tient hors de son champ. La sensation, ce n'est rien d'autre que l'entrée en résonance du corps avec des forces inconnues qui le traversent, agissent sur lui et auxquelles il réagit, la vibration éprouvée d'une rencontre, d'un choc ou d'une affinité avec des entités et des mouvements hétérogènes. « Tout est là dans ce mot » parce que s'y condense l'expérience première d'un dehors

---

1. P. Gauguin, Lettre à Emile Schuffenecker, 14 janvier 1885, *op. cit.*, p. 18.

qui affecte directement le cerveau, matière de la pensée qui l'irrigue et la nourrit et d'où émanent les images sans modèle et sans forme. Là où le philosophe et le savant ordonnent, mettent en forme, expliquent et systématisent, l'artiste puise à la source, à même le chaos des impressions naissantes. S'il ne fait pas de doute que ces naissances tirent une partie de leur force d'être en écart par rapports aux codes institués de la perception, elles n'en sont pas moins vibrantes de ce qu'elles tirent de l'ombre. Il ne s'agit pas pour Gauguin de faire parler ni d'interpréter le « surnaturel » mais d'en produire la force et la coloration propres, la puissance d'affect du cerveau, celui-ci jouant le rôle d'une matière diffractante, d'un prisme sensible. La couleur n'a plus rien d'ornemental ou de descriptif, elle n'est pas davantage symbolique, elle est la résultante de la traversée et de l'affection du cerveau, produit de la variation d'intensité qui traduit la rencontre des corps, leur échauffement ou leur refroidissement, l'accélération ou le ralentissement de leurs mouvements, et les charge d'une nouvelle énergie : « la couleur en tant que matière animée »[1], écrit Gauguin. Elle cesse alors d'être qualité distinctive pour devenir rayonnement, passe de l'état d'adjectif au verbe d'action. Comme l'écrit magnifiquement Baudelaire dans son éloge de la couleur, le rouge n'est plus rouge, il « rougoie », le vert n'est plus vert, il « verdoie »[2]. Le passage du mélange optique au jeu tendu des couleurs pures et des complémentaires n'a pas eu d'autre enjeu pour Gauguin que d'extraire la sensation de la gangue impure qui les retenait de vibrer hors d'elles-mêmes en les portant à l'expression. Mais la sensation, intensification expressive d'un corps dans laquelle s'exprime la réalité de son changement, ne peut être donnée, ou rendue, sans être produite par le tableau qui en enregistre les

---

1. *Ibid.*, p. 178.
2. Baudelaire, « De la couleur », dans *Salon de 1846*, « Bibliothèque de la Pléiade », Paris, Gallimard, 1966, p. 880.

coordonnées sensibles. Le tableau sert à cela, produire le changement, c'est-à-dire l'opérer dans la matière visible qui est la sienne, qui du coup n'est plus la matière de son expression, ce dont il se servirait en vue de quelque fin, mais corps d'expression. Il faut que ça arrive à la peinture.

Ce qui arrivera pour Gauguin à Tahiti. Pas question pour lui de représenter les paysages tahitiens, de les plier aux règles de la perspective, à la délinéation des contours, aux mélanges des couleurs, il s'agissait de faire passer la sensation Tahiti dans la peinture, ce qui n'allait pas sans forçage des pratiques établies. Pas par goût du scandale ou de la provocation mais par fidélité aux énergies de l'île et à l'événement de la rencontre avec Tahiti, pour en produire non pas la copie mais « l'équivalent … dans une toile d'un mètre carré » :

> Toute perspective d'éloignement serait un non-sens ; voulant suggérer une nature luxuriante et désordonnée, un soleil du tropique qui embrase tout autour de lui, il me fallait bien donner à mes personnages un cadre en accord.
>
> C'est bien la vie en plein air, mais cependant *intime*, dans les fourrés, les ruisseaux ombrés, ces femmes chuchotant dans un immense palais décoré par la nature elle-même, avec toutes les richesses que Tahiti renferme. De là, toutes ces couleurs fabuleuses, cet air embrasé, mais tamisé, silencieux.
>
> — Mais tout cela n'existe pas !
>
> — Oui, cela existe, comme équivalent de cette grandeur, profondeur, de ce mystère de Tahiti, quand il faut l'exprimer dans une toile d'un mètre carré [1].

Traduire et produire Tahiti en peinture exigeaient son bouleversement : couleurs pures, espace contracté et mêlé, « œil qui écoute », la toile comme en écho de l'île, son intensification.

---

1. Baudelaire, « De la couleur », *op. cit.*, p. 169.

En peinture, cela veut dire la toile tendu vers un dehors dont elle capte les énergies, qu'elle filtre pour les purifier, les simplifier et les amplifier : les faire chanter. Mais cela veut dire aussi que la peinture est ce milieu où prennent vie les images. Ce n'est pas seulement vrai du jeu de forces qui travaillent la surface et le cadre du tableau, des lignes qui s'élancent, se brisent, refluent, s'enroulent, repartent, des couleurs qui se défient et s'exaltent les unes les autres, de la levée des figures dans la mêlée des lignes et des couleurs, ça l'est également du rapport de la peinture à la peinture. La peinture vient deux fois de la peinture. Une première fois parce que la sensation qu'il s'agit de produire par lignes et couleurs, par variation d'intensité et rapport entre les figures, quand il y en a, doit émaner de la toile même et non du rapport d'imitation au sujet. C'est ce que Gauguin appelle « équivalent », puisque équivaloir ce n'est pas reproduire mais atteindre la similitude par des moyens différents : l'ombre des arbres sera outrée et densifiée, tache simplifiée comme une flaque et rouge intense. Certes, « tout cela n'existe pas ! », s'exclamait l'interlocuteur imaginaire de Gauguin, du moins comme description objective, mais cela existe et résiste désormais comme sensation surgie du tableau. Le mythe d'Orphée ne vaut pas moins pour la peinture, à se retourner sur le modèle, à vouloir s'en assurer la possession trait pour trait, on en perd la sensation qui l'a mis non pas devant ou derrière nous mais en nous. Tel un négatif photographique, c'est elle qui est à développer à partir des traces et des traits laissés sur le corps qu'elle a affecté. Le paradigme photographique ne doit pourtant pas induire en erreur, l'image n'est pas toute faite, à l'état virtuel ou enveloppé, elle est à inventer et à faire, et même, peut-on dire, à faire pousser. Faire l'image revient à inventer l'image de ce qui est sans modèle, quitte à ce qu'elle finisse par en devenir un après-coup. La sensation, en effet, n'est pas un reflet ni un retour sur investissement, c'est un devenir dont il y a à tirer effets et conséquences. Le tableau dès lors n'a plus rien d'une fenêtre, c'est une table d'enregistrement qui vibre à l'occasion d'un affect, d'où qu'il vienne.

Mais la peinture provient également de la peinture existante et qui la précède, des images ambiantes qui la nourrissent, qu'elle s'en empare ou y réagisse. Il y a un vivier d'images dont la peinture ne peut être isolée et auquel elle ne se prive pas d'emprunter. Cette question de la provenance des œuvres, de la récurrence des emprunts de motifs, de formes, de style, mais aussi des imprégnations liées aux contextes culturels et artistiques de l'époque, est très largement celle des recherches iconologiques, encore faut-il la moduler pour ne pas méconnaître la part d'invention qui se joue dans les reprises du passé. Quand Manet reprend pour son *Olympia* le dispositif scénographique de *La Vénus d'Urbino* du Titien, n'opère-t-il qu'une simple transposition ou adaptation dans le sens d'une continuité ou bien consomme-t-il une rupture sous la trompeuse ressemblance du motif? La reprise peut être le faire-valoir d'une différence majeure qui dans le tableau de Manet, bien au-delà de la substitution d'un nu de courtisane à celui de l'épousée, destitue la profondeur de temps du tableau du Titien, au profit d'une frontalité effrontée du motif et, surtout, de la peinture elle-même[1]. C'est une telle opération de détournement, ou de recyclage, que Delacroix met en œuvre, quoique de manière plus discrète, dans *Femmes d'Alger dans leur appartement*. La figure de la femme accoudée et rêveuse, identifiée comme Mouney Bensoltane, à gauche du tableau, est une reprise probable, sinon explicite du moins réminiscente, d'une figure de l'Aphrodite du fronton est du Parthénon que Delacroix

1. Voir notamment G. Bataille, *Manet*, Skira, Genève, 1955 ; D. Arasse, « La Femme dans le coffre », dans *On n'y voit rien*, Paris, Denoël, 2000 ; M. Fried, *La Place du spectateur. Esthétique et origines de la peinture moderne*, tome 1, trad. fr., Paris, Gallimard, 1990. Au-delà du scandale provoqué par la chute de l'Olympe en *Olympia* de boulevard (Bataille), c'est la manière de peindre de Manet qui suscita la réprobation de critiques comme Théophile Gautier ou les Frères Goncourt, pourtant pas les premiers venus.

a dessinée lors de son séjour à Londres [1]. La correspondance de Delacroix, sidéré de voir revivre l'Antiquité au Maroc, – « Rome n'est plus dans Rome » [2] –, corrobore cette hypothèse. On verra également un écho des gravures de Goya et du passage du peintre en Espagne dans l'ombre légère assombrissant la partie supérieure du visage de Mouney Bensoltane qui n'est pas sans évoquer la mantille des femmes espagnoles, très prisée de Delacroix pour sa mise en scène et en jeu, entre œillade et dérobade, du regard féminin [3]. L'erreur serait d'interpréter ces emprunts à un répertoire de formes comme des citations et des révérences envers l'Antique alors qu'ils sont manifestement choisis pour leurs affinités avec ce qui a saisi le peintre dans les postures et les vêtements des Algéroises de son tableau, sans doute aussi dans l'atmosphère d'abandon domestique distillée par la scène qui les montre. La double médiation de l'Antique et d'une Espagne au féminin, non sans restes de la présence arabe à l'époque d'El-Andalous, s'est offerte comme un accès possible à des figures et à des manières de vie nouvelles en rupture, à tout le moins en écart, avec les représentations pittoresques de l'orientalisme pictural.

1. Le rapprochement est fait par Peter Rautmann, *Delacroix*, Citadelles & Mazenod, Paris, 1997, p. 148. Voir également l'article de Maryse Violin-Savalle, « La cristallisation d'un rêve. Étude sur les *Femmes d'Alger dans leur appartement* », Bulletin de la Société des Amis du Musée National Eugène Delacroix, n° 8, avril 2008, accompagné de la reproduction du dessin de Delacroix, *Étude d'après un des groupes du Parthénon*, réalisé entre 1822 et 1826 et conservé au département des Arts graphiques du Louvre.
2. « Lettre à Auguste Jal, 4 juin 1832 », dans *Correspondance générale d'Eugène Delacroix*, 5 vol., publiée par André Joubin, Paris, Plon, 1936-1938.
3. On sait que Delacroix a eu connaissance des *Caprices* de Goya qu'il admirait, notamment par la mention qu'il en fait dans son *Journal* (vendredi 19 mars 1824). Quant à son goût pour la mantille, il l'avoue dans une de ses lettres : « la mantille est ce qu'il y a au monde de plus gracieux », et l'évoque dans son *Journal* (samedi 26 mai 1832) à propos d'une étude réalisée à Séville. De Goya, parmi d'autres, le *Caprice 15, Bellosconsejos* montre une femme assise portant mantille.

Mais à cette rétrospection prospective s'ajoute le déploiement du tableau qui du rayon de lumière tombant depuis la droite sur la scène va jusqu'au rideau qui, sur sa gauche, en découvre, redécouvre la vision, redoublée par le regard en arrière de la belle servante noire pivotant en arabesque sur elle-même, avant de s'en retirer. Cézanne qui s'émerveillait de la tournure de ce tableau, – « ça tourne ! » s'exclamait-il –, mettait le doigt sur le mouvement d'une scène apparemment retenue dans la quasi-immobilité du repos et du temps. De la femme accoudée à gauche, entre ombre et lumière, à la sortie virevoltante de la femme noire en passant par les deux femmes accroupies du milieu, l'une visage dans l'ombre, l'autre visage éclairé, on assiste, plutôt qu'à la contemplation d'une scène fixée une fois pour toutes, à sa recomposition-dynamisation par le regard du spectateur qui en enchaînant la succession des figures de la gauche vers la droite voit s'éveiller puis se lever une même figure saisie dans ses différents états de mouvement. La giration du tableau, accentuée par le décadrage de la scène prise de biais et non en perspective frontale, perpendiculairement au plan du tableau, contribue d'autant plus à la volte-face qui happe le spectateur dans son mouvement. Delacroix y accomplit une double volte, pour ne pas dire révolution, celle d'une part qui consiste à se retourner sur une scène pour la présenter dans l'étonnement de sa découverte, autant dire dans son site propre, *Femmes d'Alger dans leur appartement*, plutôt qu'au cœur du fantasme orientaliste, – le harem –, celle d'autre part qui inclut le spectateur dans le mouvement exploratoire du tableau. C'est tout à la fois un dépaysement de la scène picturale européenne et, sur ses bords, l'envisagement d'une autre scène entrevue dans le changement d'angle, et de point de vue, induit par le regard du tableau.

La peinture de Delacroix déploie une scène du Maghreb entrevue par la double porte de la Grèce antique et de l'Espagne arabisée, non comme synthèse de deux héritages, superposition stéréoscopique de deux images qui n'en feraient plus qu'une, mais écart, espacement, ouvert à un espace autre, hétérogène, qui n'a plus pour caractéristique d'être « partes extra partes », espace de composition et de séparation métriques dans l'illusion de la profondeur spatiale creusée par le regard mais zone de voisinage et même de tissage où choses et figures se fondent les unes dans les autres, dans une relation de contiguïté qui n'est plus celle distante et embrassante de la vue mais celle caressante du toucher. C'est cela sans doute qui fait la forte impression du tableau, divisé d'un côté par la ligne de lumière venue en plongée de la gauche qui ouvre un passage, depuis le placard aux portes entrouvertes jusqu'à la servante noire, entre la femme du premier plan et les deux figures du milieu, et d'un autre côté tapissé, et donc uni, resserré, d'étoffes et de tons modulés glissant les uns dans les autres. Espace qui ne capte le regard que pour mieux l'engloutir et l'assourdir dans la mêlée chaude des étoffes, de leurs plis et replis ; d'indistinction profuse au lieu des nettes distinctions en usage dans l'académisme orientaliste. Justesse du mot de Cézanne parlant du « cousu » des tons dans ce tableau et qui n'est pas sans évoquer le tapis feutré plutôt que la claire fenêtre des apparences et des transparences.

On ne peut manquer de relever le rapport de cet espace tissé de tons et de lignes arabesques sinuant entre les formes avec l'« espace lisse », distingué par Deleuze et Guattari de l'« espace strié » [1], dans la mesure où s'y retrouvent, dans la fusion des tons et des plans, les propriétés haptiques (contiguïté, indiscernabilité) qui le définissent.

Dire que la peinture vient de la peinture ne signifie pas simplement qu'elle se nourrit de sa tradition, de ses maîtres, de ses formes et de ses styles, mais qu'elle y trouve également par reprise,

1. A propos de cette distinction, G. Deleuze, F. Guattari, *Mille Plateaux*, Paris, Minuit, 1980, p. 592-625.

détournement, écart et déformation, les moyens et les circonstances de sa réinvention. Comme milieu de vie des images, elle se prête autant à la reproduction par les institutions artistiques et culturelles qu'à la création et à l'expérimentation de nouvelles zones de sensibilité sous le coup de dépaysements et d'énergies imprévisibles. Sous le premier aspect, le tableau se présente comme une sédimentation et une superposition d'images qui traversent le temps pour atteindre au rivage du présent, sous le second aspect son rôle est plutôt celui d'un enregistreur et d'un condensateur des devenirs.

## matière à mémoire

Réordonnant le passé dans le sillage du présent et des projets d'avenir, réactualisant sans cesse les souvenirs, toute mémoire est rétrospective. Touchant la peinture, faut-il adopter le regard à longue portée mais téléologique de Hegel et ne lui reconnaître qu'une préhistoire avant son affirmation « proprement pictural » ou dans une rétrospection toute moderne faut-il voir dans ce qui, du passé, ressemble de près ou de loin à ce que nous, modernes, appelons peinture l'existence indubitable d'un « fait pictural », de quelque fonction qu'il ait été par ailleurs recouvert : magique, religieuse, morale, sociale, etc.? Jacques Rancière soutient qu'il n'existe pas de fait, fût-il pictural, c'est-à-dire de nature sémiotique, « tout fait » et qu'il y faut un régime réglé de discours pour l'instituer et le rendre visible comme tel. Dans la perspective théorico-historienne qui est la sienne, le « pictural » est le fait d'un discours moderniste pris dans le régime esthétique de l'art qui va jusqu'à en chercher la trace dans le plus lointain passé et à voir dans la grotte de Lascaux l'ancêtre du « white cube ». Même si nous en savons un peu plus sur eux, saurons-nous en effet jamais pourquoi les hommes de Lascaux et de Chauvet peignirent? Reste cependant ce « fait pictural », certes tronqué de son histoire et de son contexte : dans leur site, les peintures elles-mêmes. Mais de ces peintres nous savons du moins une chose certaine, ils ne pouvaient pas, au moment de peindre, avoir sous les yeux les animaux dont ils ornaient les parois de galeries souterraines. Ce simple fait est peut-être constitutif de la peinture ou du moins, pour ne prendre que l'exemple de l'Action painting, l'aura très longtemps été : elle n'est pas de *visu* mais *in abstentia*, de mémoire. Derrida a écrit à ce sujet un très beau texte. Dans *Mémoires d'aveugle* [1], il montre que le peintre ne peut que quitter des yeux son modèle pour le peindre, ne serait-ce que par coups et clins d'œil intermittents aussi rapprochés qu'on voudra. Dans cette version picturale du mythe d'Orphée où le sujet de la peinture ne se retrouve ou ne se rattrape sur la toile qu'à le perdre de vue, il est question d'une coupure entre l'acte de peindre et l'objet de la peinture. De cette coupure s'initie la mémoire qui n'est pas d'abord copie de la chose perdue ou absente, quasi-chose dans son image, mais acte qui a à s'inscrire dans une matière pour acter la perte dans une trace où l'objet pourra être gardé et regardé. Car la trace n'est pas pure perte, elle ne va pas sans détacher, détourer quelque chose de l'objet qui fait son souci, son beau souci. La Dibutade de la légende antique ne fait pas autre chose quand son amant sur le point de partir pour la guerre elle cerne son ombre sur un mur pour en détacher le contour. Faire acte de mémoire, c'est faire ou refaire l'image dans laquelle revient ou survivra l'objet. Il n'est de peinture que de mémoire ; quand bien même elle ne s'épuise pas dans la perte ou dans sa sublimation, s'y opère un transfert sur matière de l'affect ou de la sensation d'un objet, transfert qui revient autant à se l'approprier qu'à s'en défaire en le faisant, c'est-à-dire en le déposant. La peinture est le médium

---

1. J. Derrida, *Mémoires d'aveugle. L'autoportrait et autres ruines*, Paris, Réunion des musées nationaux, 1990.

qui reçoit la garde de ce dépôt, diagramme d'un affect engrammé dans le cerveau.

De mémoire ne veut pas dire imiter une image mentale qui servirait de modèle car il n'est pas davantage possible de copier une effigie mentale, sur laquelle d'ailleurs il est impossible d'accommoder, que de copier un modèle sans le quitter des yeux. Si la mémoire est un acte et pas seulement un reste, feu qui s'éteint, il ne peut constituer qu'en réinvention à partir de l'énergie reçue de l'objet. Quitter l'objet des yeux pour le faire renaître dans une danse du trait qu'animent la main, le bras et le corps tout entier, comme chez Pollock qui n'a nul besoin de fixer quoi que ce soit pour s'emparer de l'espace de la toile et y faire surgir les vecteurs de forces et de mouvements qu'y trace énergiquement son corps hors du cadre et de la géométrie de la représentation. La réussite du tableau vient quand il tient ses lignes et ses couleurs, ses lignes-couleurs sans l'appoint de la gestualité du peintre que montre le film de Hans Namuth ni le support explicatif de la représentation, quand il ne se souvient de rien pour entraîner le spectateur à vibrer et vivre la spatialité. Peindre de mémoire veut dire le contraire de ce que ça semble vouloir dire, peindre dans l'oubli de ce qui a été pour le faire advenir, sans savoir ce que ça rendra et donnera, comme un grimoire.

La peinture nous fait une mémoire vive qui survit au corps en lui prêtant le sien, animé par la sensation qui s'y est inscrite et déposée dans une forme. Il faut y voir un enregistrement toujours possible à réactiver dans l'expérience d'un saisissement qui confine au paradoxe, celui d'une mémoire sans souvenir et sans histoire, de survenir au regard et de le surprendre dans l'ignorance de son temps, de son sujet et de ses techniques, par la mise en présence de ce qui n'est plus mais est encore là pourtant dans ce portrait ou ce paysage qui se refont sous nos yeux et nous regardent. Survivance qui n'est pas celle d'un reste mais survivance survenante comme une mémoire involontaire où se préserve intacte la sensation liée au souvenir de ne pas avoir été inscrit et classé au registre de la mémoire utile. A la question de savoir d'où vient à la peinture cette puissance de surgissement, il y a sans doute plusieurs réponses qui pour les unes mettraient en jeu les contextes de création et de réception, pour les autres la dimension pulsionnelle de l'expérience picturale, mais elles ne sauraient valoir sans celle qui lui reconnaît d'abord le pouvoir de faire vivre les figures et naître les sensations de sa matière même. En ce sens, l'art de la peinture n'est jamais pure imitation puisqu'il consiste à chercher comment faire se rencontrer et s'accorder les puissances et les propriétés de sa matière avec les qualités de la sensation qui y cherche son expression. L'art du peintre se tient dans cette invention de matière qui d'un matériau aux propriétés techniques définies (toile, pigments, pinceaux, etc.,) parvient, à force d'essais rusés et d'imagination, à tirer des qualités expressives déterminées en affinité avec la sensation à produire. Le problème qu'il a à résoudre est de donner une existence matérielle à la sensation telle qu'elle y trouvera sa consistance propre indépendamment du peintre qui, pour ce faire, s'emploie à surprendre dans les matériaux une matière à expression. Quand, selon la légende rapportée par Pline[1], le père de Dibutade, potier de son état, s'avisa que l'argile outre ses propriétés techniques telle l'étanchéité avait aussi celle d'être poreuse au souvenir pour en garder l'empreinte, il venait de découvrir dans le matériau de son malaxage quotidien le langage plastique et sensible d'une matière. La matérialité d'un art ne se

---

1. « En utilisant lui aussi la terre, le potier Butadès de Sicyone découvrit le premier l'art de modeler des portraits en argile ; cela se passait à Corinthe et il dut son invention à sa fille, qui était amoureuse d'un jeune homme ; celui-ci partant pour l'étranger, elle entoura d'une ligne l'ombre de son visage projetée sur le mur par la lumière d'une lanterne ; son père appliqua l'argile sur l'esquisse, en fit un relief qu'il mit à durcir au feu avec le reste de ses poteries, après l'avoir fait sécher. », Pline *Histoire naturelle*, Livre XXXV, § 151 et § 152, trad. fr., J.-M. Croisille, Paris, Les Belles Lettres, 1991.

trouve pas tant en effet dans ses matériaux que dans les matières élaborées à partir d'eux, matières sonores, visuelles, tactiles, sans en exclure les matières composites des arts contemporains. Une couleur-matériau, rouge incarnat par exemple, ne devient matière colorante que par l'opération qui la dote d'une tonalité expressive différenciée dans la palette du peintre sans rapport avec ses propriétés physiques ni même symboliques, de sorte que la matière se présente toujours comme une transgression ou plutôt une trahison du matériau d'origine. Il existe des rouges sans chaleur ni clameur, des bleus qui n'ont rien de golfes calmes et froids, des jaunes sans tapage ni aigreur.

La résonance de la matière et de la sensation n'est pas la traduction d'un système dans un autre, d'un code dans un autre, encore moins l'illustration ou l'application d'une idée préexistante, elle s'apparenterait plutôt à ce qu'on appelle en psychologie et en génétique une transduction, opération qui désigne la production d'un corps nouveau par transfert à un corps donné d'un élément emprunté à un autre, cas aussi bien de la comparaison incongrue dans l'ordre du langage que de la modification génétique dans l'ordre du vivant. Quand Paul Eluard voit la terre « bleue comme une orange », quand un bactériophage transfert un fragment chromosomique d'une bactérie dans une autre, on assiste analogiquement à un même phénomène d'altération qui sans passer par la signification et ses jeux réglés d'équivalences se traduit en opération productive. La poésie d'Eluard transgresse les règles inductive ou déductive de la logique et enfante dans le domaine des images une *terra incognita* qui en impose avant toute compréhension l'évidence autant que la transduction bactériologique engendre un corps imprévisible pourvu de propriétés nouvelles. Il se passe quelque chose d'approchant quand en peinture une sensation cherche dans une matière son expression, y tâtonne, s'y perd avant de se risquer et de se trouver dans un corps étranger et pourtant sien. C'est en ce sens que l'œuvre n'est jamais simplement représentative mais toujours présentative, prise « sur le fait », comme dit Deleuze [1].

C'est l'autre paradoxe du médium pictural d'offrir matière à mémoire créatrice. La mémoire intervient pour autant que l'œuvre se constitue en dépôt d'une expérience inédite qui a fait trace mais le processus n'aboutit qu'avec la création appelée par son objectivation dans une forme ou un dispositif. Le décalage et la différence entre le stimulus initial et l'expression qui le donne à éprouver trouvent leur raison d'être dans la nécessité de l'extraire de la situation complexe qui en a été pour le sujet l'occasion sans pour autant en être la cause. C'est ce que Valéry avait en vue quand, pour l'étude du processus créateur dans ses commencements, il appelait de ses vœux une « *Esthésique* » qui aurait « pour objet les excitations et les réactions sensibles *qui n'ont pas de rôle physiologique uniforme et bien défini* … modifications sensorielles dont l'être vivant peut se passer, et dont l'ensemble (qui contient à titre de *raretés*, les sensations indispensables ou utilisables) est notre trésor. » [2]. Induites par « les modification sensorielles » distinctes des « sensations indispensables ou utilisables », la petite différence initiale n'est pas effet ou conséquence de ce qui la précède ou la contextualise mais écart, dissonance, interruption, suspension où se creusent l'attente et l'attention à autre chose qui, pour être pleinement dégagé dans sa nouveauté et sa consistance propres, requiert la dépuration qui en détachera ce qui ne lui appartient pas et n'est pas de son « fait ». A l'état pur, un peu de temps, d'espace, de silence, d'écoute, rien de cela ne va sans travail par construction, abstention ou soustraction d'éléments composites.

1. G. Deleuze, *Francis Bacon. Logique de la sensation*, Paris, La Différence, 1981, p. 9.
2. P. Valéry, « Discours sur l'esthétique », *Œuvres, op. cit.*, p. 1311.

La mémoire y travaille à un « survenir » plutôt qu'au souvenir, mémoire d'avenir plutôt que du passé dans la mesure où la visée est de production du site d'apparition de l'inédit, moins pour l'offrir à la reconnaissance que pour en dégager, par accroissement de l'écart initial, l'étrangeté. C'est ici que les sensations indéterminées, sans affectation, évoquées par Valéry comme amorce du processus créateur en appellent à une matière étrangère susceptible de leur offrir la diversion et l'altération nécessaires à leur expression. Soit l'exemple du portrait. De tous les genres, pour parler dans ce registre daté, le portrait est sans aucun doute celui qui fait le plus appel à la mémoire, souvent fait pour cela, exigeant la ressemblance « pour mémoire » des temps futurs qui en auront la garde. Comment déjouer le piège de la ressemblance qui tue son modèle à force d'exactitude ? Comment extraire le portrait de son modèle pour lui soutirer son expression ? Comment tirer le portrait qui survivra aux circonstances de la séance de pose ? Un portrait réussi, celui de George Moore par Manet, passe par le trait, l'ensemble des traits qui en brouillent la ressemblance, qui le défont par la peinture pour le faire réapparaître en elle. Le trait, c'est le coup de pinceau, la jetée de couleur sur la toile, à l'aveugle, qui échappe par discontinuité à la continuité obsédante de la ligne-contour du dessin ; le portrait ne procède pas du report du modèle sur la toile mais de l'ensemble des traits-couleur qui le portent à l'instabilité du visible. Pour cela, il aura fallu oublier le modèle pour le faire venir-revenir en peinture.

La peinture est le lieu d'une vérité qui ne prend corps qu'avec elle. Le modèle, quand il y en a un, portrait, paysage ou autre, se voit transformé par l'épreuve de la peinture qui l'expose autre qu'il n'est, transfiguré par le spectre pictural qui l'analyse et le recompose. Ce qui saisit et arrête dans le portrait de George Moore par Manet, ce n'est pas son modèle qu'on ne verra jamais mais ce qui s'y dépose d'une forme nouvelle d'incarnation et manière d'être dans une fragilité de l'apparence et la vivacité discrète d'une présence qui, pour être absolument singulière, n'en porte pas moins un condensé des traits et de l'esprit d'une époque ; comme si ce portrait en était un précipité sensible, celui d'un homme « de son temps » porteur de sa tonalité et de ses insignes, de son « air » diffus. Au lieu d'une pose campant solidement une essence ou un statut social assurés d'eux-mêmes, au lieu d'une représentation, le tremblé d'une présence et d'un passage, peut-être aussi, déjà, d'une vitesse emportant cette deuxième moitié du XIXᵉ siècle. Plus qu'à la vérité documentaire, mais non sans elle, témoignage d'une mode vestimentaire, d'une posture et d'une gestuelle, le tableau rend sensible à la rencontre singulière d'un homme et de son temps, à une façon de l'habiter dont la manière de Manet invente l'expression. A la vérité d'une époque prenant corps et s'exposant dans le portrait d'un homme fait écho celle de la peinture même capable d'en capter l'esprit et l'humeur à coups vifs de traits et de couleurs. La peinture revient, remonte et se montre dans tableau où elle (se) fait surface propre à l'enregistrement et à la traduction de son temps. Comme le disait à peu de choses près Courbet, ce n'est pas au peintre d'aller au monde pour en faire le tableau, comme sans doute il attend, voire commande, d'être peint, c'est au monde d'être traduit devant le tableau, comme devant un tribunal, qui s'en saisit pour l'enregistrer et en exposer l'étant donné[1]. Quand on va se faire tirer le portrait, on ne croit pas si bien dire car il y a fort à parier qu'on ne s'y reconnaîtra pas mais qu'au moins on y surprendra et apprendra quelque chose de neuf. Chez Manet, la fameuse indifférence relevée par Bataille, de ses personnages impavides, de ses couleurs insensibles, est moins la traduction d'une imperméabilité au monde et au temps, doublée

---

1. Courbet à propos de son tableau *L'Atelier du peintre* (1855) : « C'est le monde qui vient se faire peindre chez moi », *Lettre à Champfleury*, nov.-déc. 1854, *Correspondance de Courbet*, réunie par P.-T.-D. Chu, Paris, Flammarion, 1996, p. 121-123.

d'une affirmation de la souveraine autonomie de la peinture, qu'une façon de s'en saisir et de les exposer, crûment, sans complaisance. Une des ententes possibles de la vérité en peinture, pour reprendre ce beau titre de Derrida, est celle de la traduction dans sa double signification de transposition et d'exposition, transposition d'un code ou d'un registre dans un autre, exposition à l'anonymat du regard. Ce qui s'y traduit et conduit, comme en toute traduction, n'est pas moins la matière et la matrice réceptrices que le modèle qui les traverse et s'y dépose. La vérité *en* peinture ne peut pas être celle de son sujet sans être celle, d'abord, *de* la peinture même. Et comme dans toute bonne et belle traduction, il y va d'une trahison, d'un éclat ou d'un détail de style révélateur où vient miroiter, aussi insaisissable qu'irréfutable, la certitude d'être en présence de ce qui échappe à tout dire.

Si la peinture a rapport à la vérité, non au sens où elle serait révélation dernière par-delà le langage mais y aurait part comme lieu de production et d'attestation de ce qui soulève et subvertit les mots, rien d'étonnant qu'elle ait pu s'exporter, au moins comme paradigme, vers d'autres médias qui sans en retenir les moyens en ont gardé la fin de mise à l'épreuve d'une expérience ou d'une hypothèse. Souvent surdimensionné ou surexposé dans une procédure de convocation et de saisie d'une expérience perceptive, le rôle du cadre, encore aujourd'hui, en photographie, au cinéma, en vidéo, est là pour en attester. Les grands portraits noir et blanc de Valérie Belin, à la frontière indécise du vivant et du mannequin de cire, les confessions vidéos de personnages masqués de Gillian Wearing, les gros plans de visages dans le cinéma de Bergman en sont des manifestations saisissantes et chaque fois très différentes dans leurs effets. Chez ces trois artistes où la frontalité du tableau perdure, le cadre est un dispositif contraignant en attente d'une révélation chez Bergman, paysagiste de visage, en forme d'exhibition critique de la télé-vérité chez Gillian Wearing ou de mise en abyme de l'identité chez Valérie Belin. La peinture y fait retour dans une anamnèse épurée qui la met à l'épreuve de nouveaux supports.

Quand Walter Benjamin voyait dans le tableau l'équivalent d'une prise de possession magique du modèle d'un coup et à distance offert à la contemplation, anticipant le mot de Merleau-Ponty selon qui « voir, c'est avoir à distance », et lui opposait l'opération chirurgicale du caméraman investissant l'objet, le décomposant-recomposant à coup d'inserts, gros-plans, montage, non sans préfigurer cette fois ce que Foucault théorisera comme une clinique du regard, il restait dépendant d'une lecture techniciste selon laquelle l'appareillage technique détermine les modes de perception et de pensée, sans voir que la peinture à l'époque naissante du cinéma s'était déjà aventurée à décomposer l'objet, à peindre le fragment, ou le « morceau » comme le disait Cézanne, et l'interstice, l'espace entre les choses plutôt que les choses mêmes[1].Ce que Benjamin interprète comme un changement d'appareil modifiant l'apparaître de la surface des choses à leur profondeur était en fait un changement du régime de vérité qui amenait la peinture, dès le milieu du XIXᵉ siècle, à faire du cadre non plus la scène théâtrale de révélation d'une totalité mais le lieu circonscrit d'un prélèvement et d'un découpage symptomatique ouvrant sur un mode de vie, un milieu, une texture. A une ontologie venait se substituer une symptomatologie et au modèle renaissant de la fenêtre ouverte sur une histoire-monde succédait celui du champ opératoire ou, en termes de maçonnerie, de « regard » ouvrant à une microstructure ou à une substructure. Mais, par-delà ce changement, le cadre n'a pas cessé de jouer le rôle d'une surface-écran convoquant dans sa circonscription ce qu'il importe de voir et de savoir. Les discontinuités esthétiques n'épousent pas les discontinuités

---

1. W. Benjamin, « L'œuvre d'art à l'ère de sa reproductibilité technique », dans *L'Homme, le langage et la culture*, trad. fr., Paris, Gonthier-Denoël, 1974, p. 166.

techniques qui n'empêchent pas que des paradigmes anciens, comme celui du tableau, fassent retour de façons imprévues mais renouvelées dans la pratique contemporaine des arts au cinéma, en photographie et en vidéo (Raymond Depardon, Alain Cavalier). Ce transfert d'un art à un autre est aussi un des aspects de la vie médiumnique de l'art réactivant et recyclant à nouveaux frais d'anciens dispositifs.

# chapitre 4
## *transferts :*
## *la peinture sans la peinture*

## faire voir la peinture (Diderot)

Comment rendre la peinture, la restituer ? Mais pourquoi la rendre ? N'est-elle pas déjà rendue à la fine pointe du pinceau, à la surface même du tableau, accomplie, dépliée, exposée dans la vue littéralement imprenable qu'elle présente au regard ? La dépeindre, la décrire, l'écrire, n'est-ce pas pour de bon la dé(-)peindre, la défaire au prétexte de la refaire ? Si « un kilo de vert est plus vert qu'un demi-kilo » [1], simple mais essentielle affaire de surface, le mot ne rend rien de l'intensité de la couleur. A moins de s'en tenir au dessin et à son dessein, à l'idée, à déchiffrer dans les formes et leur composition. Mais là encore, un même dessein ne va pas manquer de se traduire par la multitude de tableaux auxquels il va donner lieu, témoins la cohorte des Annonciations, toutes semblables et toutes différentes. A quoi bon prendre la

---

1. La formule est rapportée par Gauguin qui écrit l'avoir entendue de la bouche même de Cézanne, *cf.* P. Gauguin, « Diverses choses », dans *Oviri, op. cit.*, p. 174.

peinture aux mots s'ils sont voués à la trahir ? Cette question, Diderot, premier critique d'art pourtant habile à faire parler les tableaux, n'a pas manqué de se la poser :

> Je crois que nous avons plus d'idées que de mots. Combien de choses senties et qui ne sont pas nommées ! De ces choses il y a sans nombre dans la morale, sans nombre dans la poésie, sans nombre dans les beaux-arts. J'avoue que je n'ai jamais su dire ce que j'ai senti dans l'*Adrienne* de Terence et dans la *Vénus de Médicis*. C'est peut-être la raison pour laquelle ces ouvrages me sont toujours nouveaux. On ne retient presque rien sans le secours des mots, et les mots ne suffisent presque jamais pour rendre précisément ce que l'on sent. On regarde ce que l'on sent et ce que l'on ne saurait rendre, comme un secret[1].

Regarder serait garder le secret où se tient la peinture, non point scellée puisqu'exposée, mais illisible, tout à la fois résistant aux mots et les appelant. Alors pourquoi le médium du langage si ce n'est, dans le meilleur des cas, que pour faire l'épreuve de son impuissance à dire ce qui le fait parler ? A moins de cela : dévoiler le secret pour en dégager, préserver la puissance, faire éclater l'intraitable peinture. Plus d'une fois dans les *Salons*, Diderot finit par renoncer à décrire et invite à aller voir Chardin, Vernet ou Robert[2]. Mais là peut-être se dit plus que l'impuissance des mots qui ne manquent pas *in fine* de parler au désir de voir ce qu'il en est du tableau au moment même de renoncer à le rendre : « il y a » le tableau, à voir. Stratagème de l'écrivain qui à défaut de trouver les mots pour le dire s'emploie à le faire désirer. La circonstance d'époque qui amena Diderot à écrire ses *Salons* n'est

1. D. Diderot, « Pensées détachées sur la peinture, la sculpture, l'architecture et la poésie ; pour servir de suite aux Salons », dans *Salons*, édition M. Delon, Paris, Folio-Gallimard, 2008, p. 428.
2. A propos d'un tableau de Hubert Robert, *Ruines* : « Voilà une description fort simple, une composition qui ne l'est pas moins et dont il est toutefois très difficile de se faire une idée, sans l'avoir vue. », *Salon de 1767, op. cit.*, p. 373.

cependant pas pour rien dans ce qu'il va être amené à découvrir de la peinture à cette occasion.

C'est à la demande de son ami Grimm, directeur de *La Correspondance littéraire, philosophique et critique*, que Diderot rend compte à partir de 1759 du Salon organisé tous les deux ans au Louvre par l'Académie royale de peinture et de sculpture. Manuscrit, pour contourner la censure, et adressé à un très petit nombre d'illustres abonnés hors de France, dont Catherine II de Russie qui accueillera bientôt Diderot à Saint-Pétersbourg, ce journal entendait faire écho à l'effervescence de la vie intellectuelle et artistique parisienne dont les Salons étaient l'une des manifestations. Dans l'esprit des Lumières tel que Kant en a synthétisé les principes recteurs[1], il s'agissait de porter à la connaissance du public tout ce qui pouvait en éclairer le jugement, qu'il soit cognitif, moral ou esthétique. L'écriture des *Salons* se justifie d'abord de cet esprit de publicité avec ce tour particulier, s'agissant des arts plastiques, que les œuvres, à la différence des arts dits poétiques, littérature au sens large et musique, ne peuvent pas encore être reproduites ou peu.

Premier défi à relever pour Diderot : comment faire voir des œuvres à ceux qui sont dans l'impossibilité de les voir ? En l'absence de croquis, utiles au moins pour appréhender la disposition des figures et les grandes lignes de la composition, Diderot n'a pas d'autre recours que les mots. Difficulté redoublée pour la peinture qui « ne s'adresse qu'aux yeux »[2], même si, comme tous les arts, elle renvoie *in fine* à l'âme et à la pensée, conformément au dogme du « régime représentatif » des arts. Le passage de l'exposition du

---

1. Kant, « Réponse à la question : Qu'est-ce que les Lumières », paru en septembre 1784 dans le *Berlinische Monatsschrift*, dans *Vers la paix perpétuelle. Que signifie s'orienter dans la pensée ? Qu'est-ce que les Lumières ?*, trad. fr. J.-Fr. Poirier et Fr. Proust, Paris, Garnier-Flammarion, 1991.
2. « La sculpture est faite et pour les aveugles et pour ceux qui voient ; la peinture ne s'adresse qu'aux yeux », D. Diderot, « Salon de 1765 », dans *Salons, op. cit.*, p. 165.

tableau à sa description condamne Diderot à faire une peinture pour aveugle « à l'usage de ceux qui voient », pour reprendre le titre de l'un de ses textes les plus célèbres, ses correspondants se trouvant finalement dans une situation comparable à celle de l'aveugle qui visiterait une exposition de peintures en compagnie d'un voyant qui les lui décrirait. Mais difficulté décuplée à considérer que Diderot lui-même, qui fréquentait déjà les Salons avec son ami Grimm avant que celui-ci ne l'« embauche » pour sa *Correspondance*, ne va pouvoir écrire ses comptes rendus qu'après ses visites aux Salons, certes à partir de notes prises sur le vif par lui-même ou, à l'occasion par un aide [1], mais toujours en l'absence des tableaux. Il se retrouve par conséquent dans la situation d'un homme devenu aveugle qui doit faire un effort considérable de mémoire ou « voyance » pour faire revenir à lui le tableau, la description n'étant rien d'autre finalement qu'une peinture à l'aveugle, en perte de vue du tableau.

Cette peinture *à* l'aveugle et *pour* aveugles à laquelle se livre Diderot n'a pas échappé à la sagacité de Derrida qui place en exergue de son livre *Mémoires d'aveugle. L'autoportrait et autres ruines* une citation d'une lettre de Diderot à Sophie Volland, par lui ainsi restituée : « J'écris sans voir. Je suis venu. Je voulais vous baiser la main (…) Voilà la première fois que j'écris dans les ténèbres (…) sans savoir si je forme des caractères. Partout où il n'y aura rien, lisez que je vous aime » [2]. A quoi fait écho dans le *Salon de 1763* cette confidence à Grimm, destinataire des comptes rendus ; « Je suis dans mon cabinet, d'où il faut que je voie tous ces tableaux. Cette contention me fatigue, et la digression me

---

1. La Rue était le nom de l'un d'eux.
2. Diderot, Lettre à Sophie Volland, 10 juin 1759. Derrida ne note pas ce détail et ne s'arrête pas ou peu au texte des *Salons* mais cette lettre à la chère Sophie est écrite peu avant le premier Salon dont Diderot va rendre compte.

repose »[1]. De l'amant de Sophie à l'amateur de peintures, il n'y a qu'un pas, en tout cas un passage secret, celui de l'amour aveugle, moins aveuglant qu'aveuglé, à suivre Derrida, puisqu'aimer ne va pas sans croyance, sans foi au-delà du voir. Aimer un tableau, c'est peut-être au-delà du voir, après l'avoir vu, le regarder, le garder. Dans la nuit qui soustrait les tableaux à la vue, depuis « le cabinet » où il se tient, « il faut » pourtant que l'écrivain les voie encore, à nouveau, les revoie. Ce qui, Diderot y insiste, ne va pas sans « contention », sans effort et sans « fatigue » à se donner des yeux au-delà de la nuit et de la distance qui séparent du tableau, des yeux exorbités qui ne poussent qu'à le faire revenir à la pointe des mots sans lesquels il tend à s'effacer. Dilemme : soit revenir au tableau, encore et toujours, le maintenir au « secret » dans la distance irréductible des mots auxquels il se refuse, soit le retenir, le faire revenir de mémoire mais non sans lui imprimer la révision des mots. Sauf, et c'est là proprement l'invention des *Salons*, que Diderot va s'ingénier à faire fondre le dilemme sous les pas d'une critique qui se cherche et s'essaie d'un *Salon* à l'autre, dans un style qui n'a rien de la ligne droite décidée et tout d'un dialogue mouvementé incessamment relancé par ses contradictions, objections, hésitations et digressions. Chants et contre-chants, modes majeurs et modes mineurs, ligne harmonique et dissonances caractérisent le régime critique de Diderot qui, comme sur une portée musicale, conjuguent plusieurs lignes d'écriture et diverses tonalités.

Si d'un côté Diderot multiplie les obstacles qui se dressent sur le chemin de la critique, soit qu'il faille être d'une sensibilité aussi variée que sont divers les styles et les œuvres des peintres eux-mêmes[2], autant dire l'impossible, soit que l'attention se porte sur

---

1. « Salon de 1763 », *op. cit.*, p. 79.
2. « Pour décrire un Salon à mon gré et au vôtre, savez-vous, mon ami, ce qu'il faudrait avoir ? Toutes les sortes de goût, un cœur sensible à tous les charmes, une âme susceptible

un aspect du tableau indûment grossi par l'imagination du lecteur aux dépens des autres aspects, voire de l'ensemble[1], soit encore qu'elle mette en jeu le « goût » particulier du critique[2], d'un autre côté il reconnaît dans son exercice, aussi astreignant et fatigant qu'il soit, un apprentissage du regard acquis à force d'expérience et de comparaisons. Paradoxe du critique : l'appréciation de la peinture ne va pas sans la diversité des goûts, sans le tumulte des opinions, sans la contradiction des jugements, bref, sans la fièvre intense des Salons où elle s'expose, mais elle ne vaudrait rien sans le retrait et le calme du cabinet où, en son absence, s'affûte, avec sa description, le jugement. C'est qu'il se pourrait qu'on aille au Salon sans voir vraiment les tableaux, comme « la foule des oisifs » qui se contentent d'accorder « un coup d'œil superficiel et distrait aux productions de nos artistes »[3] et de prononcer sur elles des jugements aussi légers que définitifs. Voir n'est pas regarder, ce qui ne va pas sans arrêt, suspension du jugement, imprégnation et non simple « coup d'œil ». « L'état d'épuisement où les Salons précédents [l]'ont réduit »[4] au point, confidence à Grimm, de stériliser sa plume, allusion peut-être à la rédaction, entre les Salons de 1765 et de 1767, des *Essais sur la peinture*, loin de détourner Diderot du Salon de 1767 l'engage dans une exploration méticuleuse des œuvres exposées : « Entrons donc dans ce sanctuaire.

---

d'une infinité d'enthousiasmes différents, une variété de style qui répondît à la variété des pinceaux ; pouvoir être grand ou voluptueux avec Deshays, simple et vrai avec Chardin, délicat avec Vien, pathétique avec Greuze, produire toutes les illusions possibles avec Vernet. Et dites-moi où est ce Vertumne-là ? », *Salon de 1763*, p. 68.

1. « Très bon petit tableau ; exemple de la difficulté de décrire et d'entendre une description. Plus on détaille, plus l'image qu'on présente à l'esprit des autres diffère de celle qui est sur la toile » *Salon de 1767*, p. 368-369.

2. « Je loue, je blâme d'après ma sensation particulière qui ne fait pas loi », *Salon de 1767*, p. 51.

3. *Salon de 1765*, p. 98.

4. *Salon de 1767*, p. 250.

Regardons; regardons longtemps; sentons et jugeons »[1]. Le *Salon de 1767* sera de fait le plus copieux des comptes rendus critiques de Diderot avec en son centre la fameuse *Promenade Vernet*, magnifique hypotypose des tableaux de Joseph Vernet. L'anticipation de la description qu'il aura à en faire pour Grimm et les lecteurs de la *Correspondance* forme le regard de Diderot, sa patience, son acuité, ses parcours, son attention au détail comme à la composition d'ensemble. L'écriture à venir du tableau, son *ekphrasis*, instruit un autre regard, permet d'entrer et de circuler *dans* le tableau plutôt que de se tenir *devant* lui, de passer de sa surface à sa profondeur, de la superficialité à la pensée. C'est ce que, par ailleurs, l'esthétique de Diderot réclamera toujours du tableau, comme du théâtre dont il venait de produire en 1757, deux ans avant le premier *Salon de 1759*, une nouvelle théorie[2] : qu'il ne se montre pas ostentatoirement comme un spectacle mais qu'il inclue bien plutôt dramatiquement et pathétiquement le spectateur en lui[3]. Comme l'écrit Stéphane Lojkine, « regarder la toile, c'est participer au grand frisson de l'émeute »[4], celle de l'histoire, des lignes et des couleurs. L'écriture du tableau ou, si l'on veut, sa projection par l'écriture, loin de le trahir l'explore dans sa visibilité déployée, dans le jeu complexe des détails qui en composent la scène et en articule l'action. D'où cet exorde « A mon ami Monsieur Grimm » au tout début du *Salon de 1765* :

> Si j'ai quelques notions réfléchies de la peinture et de la sculpture, c'est à vous, mon ami, que je les dois. J'aurais suivi au Salon la foule des oisifs, j'aurais accordé comme eux un coup d'œil superficiel et distrait aux productions de nos artistes; d'un mot j'aurais jeté dans

1. *Ibid.*, p. 251.
2. D. Diderot, *Le Fils naturel*, suivi de *Trois entretiens sur le fils naturel*, 1757.
3. A ce sujet, *cf.* M. Fried, *La place du spectateur. Esthétique et origines de la peinture moderne*, trad. de l'anglais (États-Unis) par C. Brunet, Paris, Gallimard, 1990.
4. St. Lojkine, *L'œil révolté. Les Salons de Diderot*, chapitre 18, Paris, Jacqueline Chambon, 2007.

le feu un morceau précieux, ou porté jusqu'aux nues un ouvrage médiocre, approuvant, dédaignant, sans rechercher les motifs de mon engouement ou de mon dédain. C'est la tâche que vous m'avez proposée qui a fixé mes yeux sur la toile et qui m'a fait tourner autour du marbre. J'ai donné le temps à l'impression d'arriver et d'entrer. J'ai ouvert mon âme aux effets, je m'en suis laissé pénétrer. [1]

Si la description n'invente pas le tableau qui « ne s'adresse qu'aux yeux », du moins le déplie-t-elle dans les effets qui portent à le mieux voir. D'abord river ses yeux sur la toile, s'exposer au tableau, l'observer, le scruter, pour donner « le temps à l'impression d'arriver et d'entrer », mais non sans doute déjà sans que des mots ne s'en mêlent pour en fixer l'architecture, s'imprégner des tensions et des contrastes de couleurs, en démêler et en suivre l'intrigue visuelle. Si la critique commence par la réception du tableau, elle se poursuit et se précise par sa description qui, en son absence, trouve des mots pour le donner à voir à l'imagination de Diderot et de ses lecteurs. Il s'ensuivra dans l'écriture des *Salons* un florilège de dispositifs rhétoriques propres à saisir l'imagination des lecteurs et à parer à l'ennui de comptes rendus monotones à force d'exactitude et d'énumération. Fidèle à son esthétique de « l'absorbement », Diderot ne manque jamais d'absorber son lecteur, de l'inclure dans le dispositif critique en lui ménageant une place à ses côtés sous la forme intime de l'adresse à l'ami Grimm auquel les comptes rendus sont toujours explicitement destinés ; le vouvoiement adressé à Grimm permet au lecteur tout-venant de se retrouver à la même place. De la même façon que le tableau doit faire entrer le spectateur dans sa confidence, non pas *devant* mais *dedans*, le critique doit faire partager son regard au lecteur.

Dans la retraite de son cabinet d'où il faut qu'il voie les tableaux qu'il n'a plus sous les yeux, l'aveuglement de Diderot lui donne

1. *Salon de 1765.*

paradoxalement un supplément de vue qui passe par les effets qu'il en a reçus et qui l'ont littéralement impressionné. L'anamnèse du tableau n'est rien d'autre que son retour par les effets. Il sera donc jugé à ses effets sur la sensibilité et non sur sa conformité à un modèle, aussi beau soit-il [1]. D'où le mépris du peintre qui n'est préoccupé que de technique :

> Que m'importe tes passages de tons savants, ton dessin pur et correct, la vigueur de ton coloris, la magie de ton clair-obscur, si ton sujet me laisse froid ? La peinture est l'art d'aller à l'âme par l'entremise des yeux ; si l'effet s'arrête aux yeux, le peintre n'a fait que la moindre partie du chemin [2].

Et le défi, presque amoureux, qui lui est lancé :

> Touche-moi, étonne-moi, déchire-moi, fais-moi tressaillir, pleurer, frémir, m'indigner d'abord ; tu récréeras mes yeux après, si tu peux [3].

Il s'ensuit un double paradoxe qui concerne « la place du spectateur » dans le tableau, pour reprendre le titre du livre de Michael Fried. Premier paradoxe : si l'effet du tableau par l'implication émotionnelle du spectateur dans sa dramaturgie représentative en est la pierre de touche, ce n'est qu'au prix de ne pas se faire voir et d'effacer l'art qui permet de le produire ; pour faire de l'effet, il ne doit pas être affecté, au double sens de maniéré et de destiné à une fin. Sans manière, c'est-à-dire sans visée démonstrative, sans destination, c'est-à-dire sans intention anticipatrice de la réaction du spectateur, l'effet ne se produit qu'à ne pas se produire pour lui-même, ce qui n'est possible que s'il ne se produit qu'à l'occasion d'autre

---

1. « S'il est si rare aujourd'hui de voir un tableau composé d'un certain nombre de figures sans y trouver par ci par là quelques-unes de ces figures, positions, actions, attitudes académiques qui déplaisent à la mort à un homme de goût, et qui ne peuvent en imposer qu'à ceux à qui la vérité est étrangère, accusez-en l'éternelle étude du modèle de l'école. », D. Diderot, *Essais sur la peinture, Salons, op. cit.*, p. 174.
2. *Salon de 1765, op. cit.*
3. D. Diderot, *Essais sur la peinture, op. cit.*, p. 212.

chose. Cette autre chose qui fait de l'effet sans le vouloir comme tel, c'est l'action, que Diderot distingue de l'« attitude », autre nom de la manière[1].Deuxième paradoxe : la peinture qui « ne s'adresse qu'aux yeux » ne s'adresse à eux, ou ne devrait s'adresser à eux, que pour toucher l'âme. Ce qui excite « les passions de l'âme » (Descartes), – étonner, déchirer, tressaillir, pleurer, frémir, s'indigner –, ce sont, là encore, les actions représentées par les tableaux. Mais encore faut-il, et en tout premier lieu, qu'elles soient hautes en couleur, couleurs que seule la peinture peut leur donner dans tout leur éclat. Si l'action est seule à pouvoir remuer l'âme par ce qu'elle engage d'enjeux moraux, ce qui, entre tous les arts, distingue la peinture, c'est de lui donner les couleurs de la vérité. Si Diderot reste proche de la poétique aristotélicienne, en témoigne sa prédilection en peinture pour le sujet, le récit, l'idée mis en scène par le tableau, il s'en sépare en faisant de la couleur « la vérité en peinture » (Derrida), du moins du « faire vrai » de la peinture :

> Rien dans un tableau n'appelle comme la couleur vraie. Elle parle à l'ignorant comme au savant. Un demi-connaisseur passera, sans s'arrêter, devant un e chef-d'œuvre de dessin, d'expression, de composition ; l'œil n'a jamais négligé le coloriste[2].

C'est que la couleur exprime la vie, notamment l'incarnat qui teint la peau et le visage de toutes les nuances d'une vie singulière et palpitante :

> C'est mon ami Grimm ou ma Sophie qui m'ont apparu, et mon cœur a palpité, et la tendresse et la sérénité se sont répandues sur mon visage ; la joie me sort par les pores de la peau, le cœur s'est dilaté, les petits réservoirs sanguins ont oscillé, et la teinte

---

1. « Autre chose est une attitude, autre chose est une action. Toute attitude est fausse et petite ; toute action est belle et vraie », Diderot, *Essais sur la peinture, op. cit.*, p. 175.
2. *Ibid.*, p. 180.

imperceptible du fluide qui s'en est échappé, a versé de tous côtés l'incarnat et la vie.

Diderot n'oublie pas son matérialisme quand il s'occupe de peinture et, quitte à se contredire en minorant ici ou là le coloris, il admire dans ses chefs d'œuvres « la couleur de la passion »[1].

Il n'y a, somme toute, pas contradiction entre d'un côté le goût affirmé de Diderot pour la peinture des actions qui parlent à l'âme et de l'autre son exaltation de la couleur et du coloris en peinture, puisque couleur et coloris sont l'expression même de la vie. Dessin et couleur sont l'un et l'autre l'expression du double aspect du mouvement vital, action et passion, transformation et expression. Le dessin est organique, la couleur dynamique : « c'est le dessin qui donne la forme aux êtres ; c'est la couleur qui leur donne la vie. Voilà le souffle divin qui les anime »[2]. Nul Dieu, pour autant, en cela, seulement les puissances de métamorphose du vivant.

Critique, Diderot l'est au point de refaire les tableaux qu'il n'hésite pas à retoucher quand ils ne sont pas à son goût. La réception du tableau par où commence l'entreprise critique, le temps de s'en imprégner avec le moins de prévention possible, n'est pas indemne chez lui non pas tant de préjugés que du protocole caractéristique du régime représentatif[3] qui informe aussi bien la création du tableau que son mode de réception. Sa prédilection pour une peinture d'histoires dont se déduit sa méthode descriptive[4] ne

1. *Ibid.*, p. 183.
2. *Ibid.*, p. 177.
3. Sur cette notion, voir J. Rancière, *Le Partage du sensible*, « Des régimes de l'art et du faible intérêt de la notion de modernité », Paris, La Fabrique, 2000.
4. « Dans la description d'un tableau j'indique d'abord le sujet ; je passe au principal personnage, de là aux personnages subordonnés dans le même groupe ; aux groupes liés avec le premier, me laissant conduire par leur enchaînement aux expressions, aux caractères, aux draperies, au coloris, à la distribution des ombres et des lumières, aux accessoires, enfin à l'impression de l'ensemble. Si je suis un autre ordre, c'est que ma description est mal faite, ou le tableau mal ordonné », « Pensées détachés sur la peinture », dans *Salons, op. cit.*, p. 448.

l'empêche pas d'être sensible au genre du portrait, qui vaut moins à ses yeux par sa fidélité à l'apparence du modèle [1] que par la vérité morale de son expression. La preuve par son contraire, *Monsieur Diderot*, son portrait par Michel Van Loo, dans lequel Diderot, malgré sa ressemblance – « assez ressemblant », « très vivant » [2] écrit-il-, ne se reconnaît pas. Il reproche à Van Loo de l'avoir peint pour la galerie, de façon certes avantageuse mais aux dépens de son intime vérité, de l'avoir représenté dans une « attitude » plutôt qu'exprimé dans son caractère et, plus encore, dans l'action de sa pensée, bref selon ses mots « dans la position, d'un secrétaire d'État et non d'un philosophe » [3]. La vérité du portrait est au prix du refus de l'ostentation de son modèle qui se soucie moins d'être « joli philosophe » [4] que philosophe perdu dans les pensées qui le travaillent et ne cessent d'en brouiller la physionomie. La vérité du portrait est dans l'absorbement de son modèle que l'on doit voir comme à son insu, abandonné à lui-même et non tourné vers le spectateur. Livré à la danse déréglée de ses « catins » [5], il n'est pas douteux que le philosophe est, aux yeux de Diderot, le modèle par excellence de l'absorbement.

A Van Loo, ressemblant mais faux, du moins dans ce portrait car Diderot voit malgré tout en lui « un excellent artiste », s'oppose Chardin qui « est toujours la nature et la vérité » [6], objet de la part de Diderot d'une admiration jamais démentie du premier au dernier salon qu'il relate. Une très abondante littérature a déjà été consacrée à ce qu'il faut bien appeler dans les *Salons* « le cas Chardin ». Cas des plus singuliers par son excentricité même au

---

1. « Le mérite de ressembler est passager ; c'est celui du pinceau qui émerveille dans le moment, et qui éternise l'ouvrage », *Salon de 1763*, dans *Salons, op. cit.*, p. 72.
2. *Salon de 1767, op. cit.*, p. 252.
3. *Ibid.*
4. *Ibid.*, p. 253.
5. Diderot, *Le Neveu de Rameau*, « Incipit ».
6. *Salon de 1759*, p. 42.

regard des critères du goût affichés par Diderot. Énumérons les traits de cette singularité telle qu'elle se réfléchit dans les commentaires du critique. Bien que Chardin n'ait pas peint que cela, ne serait-ce que pour gagner son billet d'entrée à l'Académie royale de peinture et de sculpture, l'admiration de Diderot va presque exclusivement aux natures mortes du peintre ; c'est là qu'il est saisi, à s'y tromper, précise-t-il souvent, par leur effet de vérité. Première singularité : « Chardin n'est pas un peintre d'histoire, mais c'est un grand homme »[1], grand mais dans son genre où il est sans rival, mais aussi bien hors de son genre, pour ce qu'il en est de l'harmonie des couleurs ; il parvient à être grand avec des sujets de peu dans lesquels se joue pourtant tout l'art du peintre dont, Diderot le relève plusieurs fois, il est aussi bon praticien que fin connaisseur de sa théorie. Par ailleurs, la manière de Chardin, son style caractéristique, – « un faire rude et comme heurté »[2] –, l'inscrivent à « la tête des artistes négligés »[3] qui, peu soucieux du fini parfait, n'hésitent pas à impliquer la matérialité de la peinture dans l'effet du tableau. Deuxième singularité : Chardin transgresse le code représentatif qui imposait l'occultation de la peinture elle-même au profit du sujet représenté, l'effacement de l'objet-peinture devant le sujet de la représentation. Mais, non content de ne rien finir et d'offrir à une vue rapprochée les bas morceaux de la peinture, – « des couches épaisses de couleur »[4] –, Chardin arrive à en extraire, dès qu'on s'éloigne un peu du tableau, la parfaite illusion de la présence des objets : « approchez-vous, tout se brouille, s'aplatit et disparaît. Éloignez-vous, tout se crée et se reproduit »[5]. Troisième singularité : la vérité du tableau de

1. *Salon de 1769*, p. 389.
2. *Salon de 1761*, p. 59
3. *Ibid.*
4. *Salon de 1763*, p. 83.
5. *Ibid.*

Chardin est l'effet d'un « faire vrai », d'une « magie » écrit Diderot, qui transfigure à vue, sans rien en sceller, les matériaux de la peinture en l'apparence plus vraie que nature des objets mêmes :

> Ô Chardin, ce n'est pas du blanc, du rouge, du noir que tu broies sur ta palette ; c'est la substance même des objets, c'est l'air et la lumière que tu prends à la pointe de ton pinceau, et que tu attaches sur la toile[1].

Ce qui explique que, à moins de se taire devant les natures mortes de Chardin, Diderot recoure à la surenchère tautologique : à propos de la *Raie dépouillée*, « c'est la chair même du poisson. C'est la peau. C'est son sang ... »[2] ou encore « qu'est-ce que cette perdrix ? Ne le voyez-vous pas ? C'est une perdrix »[3].

La peinture de Chardin met Diderot au défi de la faire parler, elle qui ne raconte aucune histoire, et il est tentant d'y voir la limite même du protocole critique qui sous-tend l'écriture des *Salons*, comme une résistance mutique de la peinture au discours et le signe avant-coureur d'un modernisme en rupture de représentation au bénéfice de la pure picturalité. Reste que ce que Diderot exalte chez Chardin, c'est moins la remontée de l'objet-peinture à la surface du tableau que sa merveilleuse capacité à donner le change de l'objet représenté, à jouer de l'illusion de sa présence sensible dans le savoir simultané de son absence réelle. Pour reprendre librement le titre du beau livre qu'Elisabeth de Fontenay lui a consacré[4], Diderot admire chez le peintre un enchanteur de la matière. Témoin ce passage où il crédite Chardin du pouvoir de donner vie à la matière : « ce Chardin, pourquoi prend-on ses imitations d'êtres inanimés pour la nature même ? C'est qu'il fait

---

1. *Salon de 1763*, p. 82.
2. *Ibid.*
3. *Salon de 1769*, p. 392.
4. E. de Fontenay, *Diderot ou le Matérialisme enchanté*, Paris, Grasset, 1991.

de la chair quand il lui plaît. » [1]. On ne peut pas ne pas entendre dans cette évocation de la transfiguration de la matière inanimée en matière vivante, dont la chair en peinture donne l'exemple le plus accompli, un écho de la théorie de la sensibilité générale de la matière que Diderot soutiendra explicitement en 1769 dans l'*Entretien entre Diderot et d'Alembert*, cinq ans à peine après l'écriture des *Essais sur la peinture*, et qui s'ouvre sur un doute de d'Alembert quant à sa cohérence :

> J'avoue qu'un être qui existe quelque part et qui ne correspond à aucun point de l'espace ; un être qui est inétendu et qui occupe de l'étendue ; qui est tout entier sous chaque partie de cette étendue ; qui diffère essentiellement de la matière et qui lui est uni ; qui la suit et qui la meut sans se mouvoir ; qui agit sur elle et qui en subit toutes les vicissitudes ; un être dont je n'ai pas la moindre idée ; un être d'une nature aussi contradictoire est difficile à admettre. Mais d'autres obscurités attendent celui qui le rejette ; car enfin cette sensibilité que vous lui substituez, si c'est une qualité générale et essentielle de la matière, il faut que la pierre sente.
> DIDEROT : Oui, pour celui qui la coupe, la taille, la broie et qui ne l'entend pas crier.
> D'ALEMBERT : Je voudrais bien que vous me disiez quelle différence vous mettez entre l'homme et la statue, entre le marbre et la chair.
> DIDEROT : Assez peu. On fait du marbre avec de la chair, et de la chair avec du marbre. [2]

On remarquera que cette dernière répartie de Diderot n'est pas sans résonance avec le passage précédemment cité imaginant Chardin en train de broyer des couleurs pour en extraire la substance même des choses.

---

1. D. Diderot, *Essais sur la peinture, op. cit.*, p. 182-183.
2. D. Diderot, *Entretien entre d'Alembert et Diderot*, Paris, Garnier-Flammarion, 1965, p. 35-36.

On peut alors risquer l'hypothèse inverse de celle d'un pré-
modernisme de Chardin pour noter la parfaite congruence entre
l'expérience que Diderot fait de ses tableaux et son esthétique de
l'absorbement. Les choses telles qu'elles semblent se produire
elles-mêmes, ces choses muettes qui donnent l'illusion de la nature
et devant lesquelles, du moins à distance convenable, s'efface le
tableau, ne sont-elles pas le parfait exemple d'un spectacle sans
spectateur, d'une nature prise et comme surprise sur le fait même
de son existence ? Sans pose et sans mots, la nature morte y semble
vivre de sa propre vie. Magie de Chardin qui « rend » les choses
à leur naturelle apparition par la prestidigitation d'un art accompli.
*Monsieur Diderot* de Michel Van Loo, une toute dernière fois.
« *Monsieur Diderot*. Moi »[3], écrit le sujet, Diderot, objet du portrait
qui ne s'y reconnaît pas – « moi », un « Monsieur », vous n'y
pensez pas ! – qui aurait tant voulu, d'où autant d'amicales
protestations à son ami « Michel », être peint comme un objet,
tel « une nature morte », sans pose, indifférent au regard, tout
absorbé en soi-même. Mais voilà que, le temps des longues poses
chez l'ami peintre, madame Van Loo l'a distrait de lui-même, l'a
sorti de son naturel philosophe en lui faisant la conversation, d'où
cette figure qui minaude et ce portrait qui porte à faux. Trahi le
philosophe ? Peut-être bien, mais pas au sens d'une défiguration
de son intime vérité, comme Diderot le donne à entendre, plutôt
comme le révélateur d'une autre vérité qui serait celle de sa division
entre un souci de profondeur et le goût des effets. Diderot entre
esprit de sérieux *et* tact raffiné des surfaces, entre sagesse *et*
distraction, réflexion *et* séduction, c'est sans doute ce qu'il ne
veut pas voir ni savoir de son portrait par Van Loo qui l'aura
figuré tel qu'en lui-même il ne se ressemble pas. Van Loo révèle
l'impossible « naturel » que la magie de Chardin a su si bien

3. *Salons, op. cit.*, p. 252.

contrefaire et dont la philosophie et la littérature du temps se sont ingéniées à produire la fiction. Il arrive que le peintre ait raison du philosophe.

## dans le tableau (« La véranda », Melville)

« La véranda » est une extraordinaire petite nouvelle de Melville[1], à dire vrai plutôt un conte puisque ce texte ouvre une série, « Contes de la véranda », à laquelle appartient le fameux *Bartleby le scribe*. Oui, conte décidément, ciselé par un style d'enlumineur de vitrail et porteur d'enchantement. Le motif en est des plus simples ; un homme achète une vieille ferme retirée dans les Appalaches en vue du mont Greylock dans le souci d'y trouver un cadre reposant et plus encore, d'où le choix de cette ferme-là, pour y jouir d'une vue unique sur « le cercle des étoiles coupé par le cercle des montagnes »[2], et dont il est précisé qu'elle aurait été perdue si la ferme avait été construite quelques dizaines de mètres plus loin. Le spectacle qui s'offre de ce point de vue est tel qu'il conduit le propriétaire à y faire ajouter sur sa face nord tournée vers la montagne une véranda en bois d'où il pourra la contempler à loisir, entre « le confort douillet du dedans et la liberté du dehors »[3]. Dans les lointains de ce « tableau » dont, au gré des saisons, il ne se lasse pas, un jour que règnent « certaines conditions magiques de lumière et d'ombre »[4] son regard est arrêté, intrigué par « certain objet mal défini, mystérieusement blotti, selon toute apparence, dans une sorte de poche de gilet pourpre, haut perché dans un creux en forme de hotte ou un renfoncement des montagnes

---

1. H. Melville, « La Véranda », dans *Les contes de la véranda*, trad. fr. Ph. Jaworski (dir.), Œuvres IV, « Bibliothèque de la Pléiade », Paris, Gallimard, 2010.
2. *Ibid.*, p. 193.
3. *Ibid.*
4. *Ibid.*, p. 197.

du nord-ouest » [1]. Ne résistant pas, à la longue, au désir d'éclaircir le mystère de cette chose lumineuse, « petit grain de beauté de couleur fraise sur la joue pâle des collines du nord-ouest » [2], il entreprend d'aller y voir de plus près, convaincu par la magie automnale qui nourrit sa vision d'y trouver « quelque cercle hanté où dansent les fées » [3].

La véranda, du portugais *varanda*, balcon, balustrade, qui offre entre dedans et dehors une vue ouverte et cadrée découpe, à lire le texte de Melville, un paysage qui l'apparente indiscutablement à la tradition picturale de la « veduta », tout à la fois « vue sur » et « vue de », vue de telle ou telle portion d'espace, prise de tel ou tel point de vue. On s'en étonnera d'autant moins que Melville multiplie les références à la peinture pour brosser le décor – « la campagne environnante offre un tel tableau … que c'est un vrai paradis pour les peintres » [4] et pour « l'érémitique soleil … qui ne faisait guère que peindre avec une ferme netteté » – et compare la véranda aux bancs qui dans les galeries d'art permettent la contemplation à plaisir des œuvres, car « la beauté est comme la piété : on ne saurait la saisir en courant ; il y faut de la tranquillité, de la constance, avec en outre, aujourd'hui, un confortable fauteuil » [5] ; sans compter, ce qui ne saurait être un hasard, son orientation au nord comme l'atelier du peintre. La véranda est beaucoup de choses à la fois, dedans et dehors, assise du peintre et de l'amateur, point fixe et libre échappée du regard, mais toujours entre-deux, seuil de réversibilité et de métamorphoses possibles qui plutôt que d'enclore et séparer comme le mur ouvre des passages et des circulations. Le dedans peut passer dehors et

---

1. *Ibid.*, p. 196.
2. H. Melville, « La Véranda », *op. cit.*, p. 197.
3. *Ibid.*
4. *Ibid.*, p. 193.
5. *Ibid.*, p. 194.

inversement. Le dedans ne se réduit pas au confort douillet de la maison ni même de l'intériorité, il n'est pas moins fait des images et des fictions qui, sans qu'il y en ait conscience, sautent sur la perception pour la transformer ; c'est ainsi que, « par un après-midi de poète fou »[1], un incendie de couleurs automnales met le feu aux montagnes et que dans un recoin haut perché dansent des fées. Quant à la jeune femme mélancolique que le propriétaire de la véranda ne tardera pas à découvrir dans son pauvre chalet de montagne, elle peuple ses longues journées solitaires vouées à la couture de la vie agitée des ombres projetées par les nuages et les arbres, jusqu'à regretter l'ombre tremblante d'un bouleau couché par un orage et qui, depuis, a été débité en bois de chauffe. Cette transfusion et les métamorphoses qui s'ensuivent se retrouvent dans les changes de point de vue ; celui qui contemplait une lointaine beauté qui le faisait rêver la voit, s'en approchant, se dégrader en masure et assiste, de ce nouveau point de vue, au mirage de sa ferme, vue de loin, transformée en « palais du roi Charmant »[2]. Comme dans l'adage d'Horace souvent rapporté, « ut pictura poesis », mais sans qu'en soit rappelé le contexte, ce qui de loin se découvre en beauté peut de près s'avérer de nul effet. De loin, de près : ce qui était un éclat miroitant au creux sombre de la montagne devient une fenêtre « constellée de mouches »[3]. « Fenêtre enchantée »[4], le tableau l'est doublement de magnifier la vue qui s'offre de loin sans y toucher et de distraire en même temps de ce qui, trop près, offusque le regard, dans les deux cas, d'offrir une traversée, aussi bien voyage dans l'espace qu'abolition des frontières entre réalité et imaginaire, qui monnaye la transaction du donné en rêves et en histoires.

1. *Ibid.*, p. 197.
2. *Ibid.*, p. 204.
3. *Ibid.*, p. 205.
4. *Ibid.*, p. 204.

Le point du sujet, le narrateur, est aussi le point d'aveuglement qui lui répond dans le tableau, son point de vue devenant son point de fuite. La fenêtre d'où s'ouvre la vue et se forme le tableau crée le décor où il ne s'échappe pas sans en même temps s'y laisser enfermer, au point d'y revenir sans cesse et de ne plus pouvoir le quitter des yeux. Pendant tout un temps, « une année ou davantage »[1], il s'est contenté de se délecter des changements à vue d'un même tableau qui, comme dans une série, en proposait plusieurs qu'il savait toujours reconnaître et nommer avant qu'en un instant précis, sous des conditions de lumière particulières, un détail arrête son regard et l'obsède. « Unique tache lumineuse, là où tout le reste était sombre »[2], ce détail qui sort de l'ensemble, trouble et mal identifié, insituable, flotte à la surface du tableau, tantôt en retrait tantôt en avant, comme un trésor caché qu'il recèlerait et qui ne brillerait qu'aux yeux avisés de celui qui le cherche. C'est tout le sens de l'évocation du « voisin prosaïque »[3] incrédule qui dans cet « objet mal défini » ne veut pas voir autre chose « qu'une vieille grange – une grange abandonnée, avec un côté défoncé, et pour arrière-fond la pente », tandis que le narrateur sait sans avoir « jamais été y voir », de certitude donc, qu'il n'en est rien. Si, contre toute logique, la raison est malgré tout du côté de ce dernier, c'est qu'il ne s'agit pas tant, en cette affaire, de savoir ce qu'il y a là-bas, par-delà monts et vallées, mais ce que lui y voit, autrement dit ce qu'il désire y voir. De sorte que si, jusqu'alors, le narrateur se contentait d'être *devant* le tableau pour jouir du spectacle, il ne fait pas de doute qu'avec ce détail qui brille pour lui, lui fait signe et, littéralement, le regarde, il entre *dans* le tableau et passe ainsi de la vue au regard. Détail d'autant plus significatif qu'il le découvre au beau milieu d'un tableau enfiévré qui déclenche

1. H. Melville, « La Véranda », *op. cit.*, p. 197.
2. *Ibid.*, p. 197.
3. *Ibid.*, p. 198.

chez lui une véritable ivresse narrative enchaînant réminiscences du « chaudron d'Hécate », du « coupable Macbeth » et de la « caverne d'Adullam » avant d'achopper sur le mystère d'« un petit grain de beauté », comme détaché ou détaillé par un étroit rayon de soleil, « le point en question »[1], comme il est dit, pointant précisément tout autre chose de nature à enrayer le récit illustratif du tableau, disons son imagination. Car c'est bien l'imaginaire, en ce qui s'y projette du désir, qui entre alors en jeu avec l'insistance caractéristique d'un point de fixation auquel la réalité vient à deux reprises apporter son concours, une première fois, après des averses de printemps, sous la forme d'« un arc-en-ciel dont l'extrémité reposait juste à l'endroit où, en automne, [il avait] remarqué le grain de beauté »[2], une seconde fois quand « quelques jours après, une joyeuse aurore alluma une étincelle dorée au même endroit que devant »[3] et telle qu'elle ne pouvait provenir que d'un chalet remis à neuf et vitré, plutôt que d'une grange abandonnée. Une fois que, de ce point d'appui, l'imaginaire a pris son élan de certitude, la réalité n'a plus, de conjecture en interprétations de signes, qu'à entrer dans son cadre pour l'étayer et le confirmer. Avec ce point singulier qu'il accentue sourdement, le texte de Melville consonne avec une leçon tirée de l'expérience de la peinture qu'on n'apprend quelque chose d'un tableau que sous condition imprévisible, donc d'une certaine manière inconditionnée puisqu'en partie livrée au hasard de la rencontre entre l'œuvre et le spectateur, de se laisser surprendre et happer par un détail qui accroche le regard. Véritable porte dérobée qui permet le contournement du tout spectaculaire du tableau d'abord offert à la vue, le détail ouvre une brèche par laquelle le regard peut se glisser pour en faire l'expérience.

1. *Ibid.*, p. 197.
2. *Ibid.*, p. 198.
3. *Ibid.*

L'expérience du tableau ou, mieux, le tableau comme expérience, c'est l'itinéraire suivi par ce petit conte qui mène le narrateur et le lecteur par monts et merveilles. Mais si le détail est l'entame du tableau, c'est en même temps ce qui le fait perdre de vue, du moins de sa vue d'ensemble. Entamé, le tableau l'est aussi en effet au sens où il ne se donne plus d'un seul coup puisque y prendre pied implique renoncement au point de vue extérieur qui permettait de l'embrasser en son tout et le livre désormais à une exploration de proche en proche qui, littéralement, le détaille. C'est ainsi qu'après être resté un certain temps, dont celui d'une maladie qui l'a privé de la vue sur la montagne, sur le seuil du tableau, entre dedans et dehors, toujours en arrêt sur le détail qui retient son secret, le narrateur entreprend d'aller à sa rencontre et engage une traversée pour « voguer vers le pays des fées » [1]. Au terme d'un voyage en forme de parcours initiatique où il perd de vue son but mais non sa direction, il finit par atteindre l'objet de sa quête, haut perché et éloigné de tout, dans lequel, bien loin de son rêve, il ne peut que reconnaître une masure en triste état où vit, avec un frère absent au moment de son arrivée, une jeune femme mélancolique. De loin, les feux conjugués de la lumière et de l'imagination, avaient transfiguré une misérable chaumière en un palais des fées mais l'entrée dans le tableau en fait revenir un tout autre éclairage sur une réalité décevante.

On peut voir dans cette expérience une révélation de l'envers du décor et, par là même, une initiation à la vérité par le biais d'un enchantement qui, sans doute, en occulte d'abord les traits, mais non sans mettre en même temps sur son chemin ; bref, un retour au réel après l'ivresse imaginaire qui n'aurait pu, cependant, avoir lieu sans elle puisque la mise en abyme de l'imaginaire dans la réalité qui lui fait d'abord crédit en entrant dans son cadre

---

1. H. Melville, « La Véranda », *op. cit.*, p. 199.

prédispose, *in fine*, à sa découverte. C'est ainsi à une vision plus fine des rapports entre imaginaire et perception qu'introduit le conte de Melville, non pas celle d'une opposition tranchée qui les rend exclusives l'une de l'autre, comme chez Sartre par exemple [1], mais, version qui serait plutôt celle d'un Merleau-Ponty, celle d'une intrication et d'une collusion des deux, l'imaginaire comme seule voie d'accès au réel tandis que celui-ci, une fois pris dans ses filets, peut finir par remonter en elle. De sorte que le tableau, dans une perspective somme toute encore aristotélicienne, serait la médiation nécessaire à une approche du réel, le détour sans lequel il serait impossible d'y prendre pied et d'accommoder sur lui.

Ce rôle du tableau, en charge du bon réglage entre imaginaire et réel, est tenu dans le conte par « la fenêtre enchantée », aussi bien « croisée » où se jouent leurs échanges que traversée où s'opère leur transformation ; de loin et de l'extérieur, détail qui brille d'un éclat insolite, de près et de l'intérieur, cadre qui transfigure la réalité en paysage apaisé, jusqu'à cette précision optique qui procède au réglage et à l'accommodation de l'imaginaire sur le réel : « j'allai à la croisée. Tout en bas, le tunnel du col guidant mon regard comme un télescope réglé à mon niveau, j'aperçus un monde lointain, plein de douceur, azuré. A peine si je le reconnus, bien que j'en vinsse. » [2]. Accommodation de l'imaginaire sur le réel, ou inversement puisque dans ce passage, à prendre au triple sens du terme, textuel, optique et symbolique, la fenêtre de la pauvre chaumière joue manifestement le rôle d'une lentille qui, par réglage du regard, tantôt permet au proche de se fondre, à la manière du *sfumato*, dans la douceur du lointain, tantôt fait revenir

1. Sartre, *L'imaginaire*, Paris, Gallimard, 1940. Sartre y développe la thèse selon laquelle l'image est soutenue par une intention imaginaire qui fait de son objet un irréel, quand bien même il ressemble à l'objet réel de la perception.
2. H. Melville, « La Véranda », *op. cit.*, p. 203.

la vue lointaine et évasive sur les détails sans concession du proche. Un passage qui peut être perçu en première lecture comme une digression dans l'économie très resserrée du conte prend, après-coup, tout son relief à la lumière de la déception qu'il est manifestement destiné à préparer. Le narrateur, de retour sous la véranda après avoir évoqué la maladie qui l'en a pour un temps éloigné, fait incidemment une remarque sur la manière dont sa maladie a durablement affecté sa sensibilité :

> La maladie m'avait rendu si sensible que je ne pouvais supporter la vue d'une plante grimpante chinoise de mon adoption qui, escaladant un pilier de la véranda, avait, pour mon délice, éclaté en floraisons étoilées, mais qui à présent, si vous écartiez tant soit peu ses feuilles, laissait voir par millions d'étranges vers rongeurs qui se repaissaient de ces fleurs et empruntaient si bien leur teinte bénie qu'ils le rendaient à jamais anathème – des vers dont le germe se trouvait déjà, sans aucun doute, dans le bulbe que j'avais planté avec tant d'espoir … [1]

L'acuité optique qui ne permet plus de ne pas voir sous la beauté des fleurs, voire en elle, la prolifération de la vermine qui en emprunte l'apparence préfigure la fin déceptive de la traversée du narrateur. Comme Bartleby qui dans la série des *Contes de la véranda* fait suite à *La véranda*, il aurait préféré ne pas, ne pas voir ce qui corrompt la belle apparence et s'en nourrit sans vergogne. C'est en effet à une expérience de même tonalité que va l'exposer la découverte derrière l'éclat doré d'une vitre le spectacle d'une vie pauvre et affligée. Quant au remède au dérèglement du regard vacillant entre désir de beauté et vue douloureuse de la réalité, la chute du conte montre qu'il le trouve dans un théâtre de la représentation qui lui permet de tenir à distance ce qui, vu de trop près, offusquerait son regard. Revenu de son voyage et de cette expérience, le narrateur se contentera désormais de la véranda

---

1. H. Melville, « La Véranda », *op. cit.*, p. 199.

qu'il compare à une « loge royale »[1] du théâtre de San Carlo de Naples, d'où il peut encore s'enchanter de l'illusion mais moins pour y adhérer que pour en jouer. C'est ce qu'on pourrait appeler la poétique du tableau qui, dans l'acception aristotélicienne du terme, ne va pas sans retombée éthique.

S'agissant d'un tableau que le lecteur ne voit sans doute pas mais que Melville, dans la tradition de l'*ekphrasis*, s'entend à lui faire voir, on y verra plutôt la mise en fiction d'une procédure esthétique qui met à découvert son dispositif. Dans cette optique, le passage en question dans le récit n'est pas tant celui d'un tableau idyllique à une réalité prosaïque qui se présenterait sous l'aspect d'un autre tableau, « de genre » celui-ci, que celui d'un état du tableau à un autre. La découverte du petit chalet misérable et de son habitante, décrits avec un luxe de détails contrastés, n'est pas un autre tableau mais le même tableau vu autrement où ce qui vient au premier plan n'est pas son effet, vu de loin, mais son « fait », c'est-à-dire ce dont il est fait, de matières, de couleurs et de lignes tramant le fil du récit et l'éclairage de ses figures. Le voyage du narrateur s'apparente à une traversée du tableau qui débouche non pas sur son envers mais, littéralement, à son endroit puisque la quête qui l'amène à entrer en lui et à le parcourir finit par lui révéler, en lieu et place du trésor rêvé, les moyens de son effet dans des jeux d'ombre et de lumière, de tâches de couleur et de lignes qui ordonnent et transforment la réalité. La magie féérique à laquelle s'abandonne au début l'imagination du narrateur cède la place au démontage inventif d'un dispositif dont tous les éléments sont minutieusement inventoriés par le récit, de la fenêtre cadre qui isole et ouvre l'espace du tableau à la perspective qui en distingue et lie les plans en passant par les formes qui y figurent. La réalité à laquelle conduit l'exploration du tableau n'est pas d'abord

---

1. *Ibid.*, p. 208.

extérieure, dans la réalité représentée, elle se trouve dans le déploiement même de l'appareil ou de l'apparaître du tableau d'où provient son effet. En même temps, en effet, que le narrateur déchante, il vérifie par la fenêtre du lieu même où il pensait trouver le secret d'un pur éclat doré, l'effet de construction du tableau produisant à distance l'illusion qui l'a fait y entrer :

> Je regardai ; et, au bout d'un moment, à ma surprise, je reconnus, à sa position plutôt qu'à son aspect ou à la description de Marianna, ma propre demeure, qui étincelait tout comme avait fait, vu de la véranda, ce chalet de montagne. Le mirage de la brume la faisait apparaître moins comme une ferme que comme le palais du roi Charmant. [1]

La fenêtre joue ici un rôle essentiel qui est de pointer la place du sujet ; point brillant qui l'arrête, l'intrigue et l'attire, elle le déplace du point de vue au point de fuite de son regard d'où il fait l'épreuve de sa position de sujet et des effets qui s'ensuivent de l'occuper. Il ne s'agit pas, pour autant, d'une simple mise en abyme du regard. La plongée dans le tableau consiste, en effet, à faire l'expérience de l'opération par laquelle, il rend possible d'en sortir pour voguer, comme le personnage de Melville, « vers le pays des fées ». Car, dans ce conte, le tableau n'a pas sa fin en lui-même, quand bien même il l'atteint par ses moyens propres. C'est ce dont témoignent la chute précédemment évoquée du récit qui ne montre pas le narrateur renonçant au spectacle qui s'offre à lui depuis sa véranda mais, plus encore, le fait qu'il ne révèle pas à la jeune femme solitaire ce dont il vient de faire l'expérience. Quand, lui montrant depuis sa fenêtre « la seule maison en vue » qu'il sait être la sienne, elle dit y voir le palais d'un homme heureux, il se garde de se faire reconnaître comme son propriétaire et, surtout,

---

1. H. Melville, « La Véranda », *op. cit.*, p. 204. Marianna est le prénom de la jeune femme solitaire du chalet.

s'abstient de la détromper sur le rêve de bonheur qu'elle y projette. Ce n'est pas seulement qu'il y trouverait, de fait, un certain bonheur, sans doute moins grand qu'elle ne l'imagine, puisqu'il n'ignore ni la maladie ni les déconvenues, c'est bien plutôt que cette expérience le met, ne serait-ce que pour un bref moment, à la place de la jeune femme et que ce déplacement lui donne la compréhension de sa vision si éloignée de la réalité de sa vie. Car « le palais du roi Charmant » n'est pas pure illusion, fantasmagorie de pauvre cherchant dans l'imaginaire une compensation à une vie de misère, bref, selon les mots de Marx, un « opium du peuple », c'est bien davantage une façon de sortir de sa place en prenant le droit de rêver une autre place que celle que la misère lui a faite ; en projetant à l'horizon de son monde une fiction qui préserve, malgré tout, la possibilité du bonheur, elle ne reste pas à sa place, elle se déplace en imaginant un autre état du monde.

Un déplacement, c'est ce dont l'expérience du tableau peut être l'occasion. De retour à la véranda, le narrateur ne revient pas inchangé à sa place :

> Mais chaque soir, lorsque le rideau tombe, la vérité s'en vient avec l'obscurité. Aucune lumière ne brille plus sur la montagne. J'arpente de long en large le pont de la véranda, hanté par le visage de Marianna et par mainte autre histoire aussi réelle. [1]

D'avoir croisé un autre regard que le sien, il sait désormais que, par-delà le beau spectacle offert par la véranda, existent un monde autre et d'autres histoires que la sienne.

1. *Ibid.*, p. 208.

# épilogue
## *le paradigme pictural*

Un temps, encore très proche, la peinture fut portée disparue et même défunte, dont fut rendu responsable « l'art contemporain », expression coagulée évoquant quelque méchant virus, comme si le contemporain de l'art ne pouvait prospérer que sur les décombres du passé auquel appartenaient la peinture et le rituel poussiéreux du musée. Ce meurtre sans cadavre, signé seulement d'une absence des cimaises, avait tout l'air de confirmer le diagnostic hégélien, les uns de se lamenter les autres de s'en réjouir, d'une mort de l'art au profit du règne sans partage du concept moyennant, en lieu et place des œuvres offertes à la contemplation, installations, performances, gestes et attitudes. Nostalgiques de l'ancien état de choses voué au culte de l'art et acteurs des nouvelles dynamiques des arts contemporains s'entendaient au moins sur ce point, l'âge de la peinture était bel et bien passé et ceux qui s'y adonnaient encore n'étaient plus de leur temps.

A une époque encore récente, il est de fait que, pour sa part la plus visible, la peinture était passée du côté des musées et des événements « expositionnels » consacrés aux monuments du passé, aux apôtres de la modernité et aux révolutions des avant-gardes ; on n'en finirait pas d'énumérer les grandes expositions qui depuis les années soixante-dix se sont données pour tâche de faire revenir dans notre présent les grands ancêtres fondateurs et novateurs. Signe des temps, et c'est bien ainsi que l'entendait déjà Hegel, la peinture devenait culture pendant que l'art vivant faisait le mur des musées dans l'inquiétude de son essence, de ses formes et de ses enjeux avec l'invention de nouvelles procédures allant de l'art de la rue à l'art conceptuel ou expérimental. La peinture pouvait bien continuer, mais ce n'était guère que dans les marges d'un art qui se cherchait ailleurs des raisons d'exister et de se réinventer en réponse au monde réticulaire et fracturé de la contemporanéité. Cet effacement, au moins apparent, ou ce retrait, en mode mineur, de la peinture ne venait-il pas vérifier la sombre – ou joyeuse, c'est selon – prédiction de Michel Foucault annonçant la mort de l'homme et de l'humanisme qui en avait exalté la valeur ? La plage de fin de monde, en conclusion de *Les Mots et les Choses*, où les vagues du temps finissaient par effacer la figure de l'homme [1], ne faisait-elle pas écho à l'ouverture en grande pompe du livre de Foucault sur *Les Ménines* de Vélasquez où éclatait, dans l'apparat et l'appareil de la peinture, la souveraineté du sujet-roi. À la scène peuplée de Vélasquez, toute en représentation et en révérence, alourdie d'étoffes et de plissés éloquents, livrée au jeu complexe des regards en miroir et des intrigues de cour, répondait la plage déserte, aussi nue et muette que la toile du peintre désormais privée de son modèle. Sans être la fin de l'« Histoire », c'était bel et bien en revanche la fin d'une histoire, celle du roman de la conscience dont Hegel avait saisi le reflet dans la peinture de l'âge romantique. Si, comme il l'écrit à son propos, « nous nous sentons

---

1. M. Foucault, *Les Mots et les Choses*, Paris, Gallimard, 1966, p. 398.

d'emblée davantage chez nous dans la peinture »[1], n'est-ce pas, en référence au Dieu de la peinture chrétienne ou, selon une indication de Jean-Luc Nancy, à ce qu'il y a de christianisme dans la peinture[2], qu'elle « ne peut éviter l'anthropomorphisme, et ne peut, pour cette raison, faire autrement que lui prêter figure humaine[3] ? ». S'expliquerait ainsi, pour parler comme Hegel, que la peinture n'aurait pas été authentiquement peinture, révélée à elle-même en sa vocation propre, avant la révélation chrétienne et l'incarnation de l'infini divin dans la figure finie de l'homme, la retournant en quelque sorte, et par là même la relevant de sa basse matérialité, pour en faire le reflet vivant, le miroir et le miroitement, de l'intériorité pensante. D'où, selon une autre indication de Jean-Luc Nancy, qu'elle ne s'exposerait jamais mieux, telle qu'en elle-même, que dans la face extatique du portrait où, dans la vibration de l'apparence, se retient la présence : « [...] Il n'y a donc de sujet qu'en peinture, tout comme il n'y a de peinture que du sujet »[4]. Humanisation du divin et sacralisation de l'humain, la peinture avait donc vocation à peindre le travail sur soi de l'homme pour transfigurer son corps en lui communiquant le souffle de l'esprit et la transformation subséquente de la nature à son image ; du visage au paysage, des yeux de l'âme aux contrées romantiques du sentiment et de l'esprit, il ne pouvait plus être question désormais que de son portrait indéfiniment repris et nuancé. Cependant, passé ce pli de l'humain en miroir dans la substance de l'infini, bientôt relayé par la musique puis la poésie à destinée plus haute, voire sublime, il ne restait plus à la peinture qu'à se souvenir de son âge d'or en se faisant peinture du dimanche,

1. G. W. F. Hegel, « Le système des différents arts », dans *Cours d'esthétique*, trad. fr. J.-P. Lefèvre et V. von Schenck, tome III, Paris, Aubier, 1997, p. 15.
2. J.-L. Nancy, *Visitation (de la peinture chrétienne)*, Paris, Galilée, 2001, p. 44-45.
3. *Ibid.*, p. 41.
4. J.-L. Nancy, *Le Regard du portrait*, Paris, Galilée, 2000.

bien loin des aventures inédites de l'art. Retrait de la peinture en forme de retraite qui voit le somptueux tableau de Vélasquez basculer à l'horizontale et la figure humaine se perdre dans le sable du temps. Tableau désormais vide de tout reflet, table rase où l'humain s'échoue et s'oublie, l'atelier du peintre prend fin là où commence le grand dehors qui en portait la figure passagère. Parmi d'autres exemples de la liquidation de l'atelier, celui de Daniel Buren qui ferme le sien pour ne plus travailler qu'à la conception et à la réalisation de sa création *in situ*.

Si, depuis lors, « la fin de l'art » annoncée par Hegel n'en finit pas de finir, c'est-à-dire aussi bien de « sur-vivre », il n'en reste pas moins que la peinture a connu, au-delà du tournant des années soixante et soixante-dix, une relative éclipse et un déficit de reconnaissance dans lesquels on pouvait percevoir un écho à l'anti-humanisme du mouvement structuraliste et aux philosophies qui en tiraient les conséquences dans la suite de la Seconde Guerre mondiale (Adorno, Foucault, Althusser, Deleuze, Lacan). D'avoir été trop liée à la figure de l'homme, d'en avoir trop dépeint les grandeurs et les misères l'aurait disqualifiée et tenue à l'écart du terrain de l'inhumain, ou de an-humain, sur lequel la pensée, les arts et les sciences s'aventuraient désormais. Après être passée par la réduction moderniste qui devait l'expurger de tout ce qui n'était pas elle, représentation, illustration, langage, suivie de son ascèse conceptuelle et minimaliste, la peinture se serait retrouvée sans autre emploi que de redite, de survivance ou de commémoration ; en bref, rien d'autre qu'une vanité contemporaine.

Quand, précédemment, à la question de savoir où était passée la peinture il était répondu, sans doute grossièrement, dans les musées et les expositions, c'est-à-dire dans le passé, c'était sans compter avec les migrations et les transferts dont elle a fait, et continue de faire, l'objet dans les autres arts. Le cinéma de Godard et de Raoul

Ruiz[1], la photographie de Jeff Wall et de Valérie Belin, les vidéos de Bill Viola et Gillian Wearing ne sont pas indemnes de la peinture dont elles reprennent l'idée à défaut d'en conserver la pratique ; la peinture y a encore valeur de paradigme d'un art soucieux de vérité. Comme si la peinture avait dressé pour toujours le cadre et la scène du visible et gardait sa légitimité, au-delà de son usage technique, comme rituel de mise à l'épreuve critique des apparences. À l'instar de la scène canonique du peintre et de son modèle, véritable scène ordalique qui les confronte à l'aveu de leur désir comme à leur désir de vérité, les autres arts ont repris à leur compte, avec leurs moyens propres, cette procédure d'exposition qui livre les figurants de la scène au témoignage du médium et au jugement du spectateur. Que dans ces avatars la peinture disparaisse matériellement ne l'empêche pas de s'y glisser et de les hanter comme le spectre de la vérité dont elle détient le secret et l'idée. Tour et détour de la peinture qui n'aurait pas disparu sans réapparaître ailleurs, transfigurée et absorbée par les autres arts qui ferait de la peinture, le sachant ou non, sans la peinture. Pour autant qu'il y ait encore du sens à parler d'un retour à la peinture, c'est là, peut-être, plutôt que dans les mises en scène fracassantes de son retour, qu'il serait à chercher.

La bonne nouvelle est qu'il n'y a pas davantage de retour *de* la peinture que de retour *à* la peinture, pour la bonne et simple raison qu'elle n'a jamais disparu, qu'elle a continué et persévéré, qu'elle s'est obstinée chez des artistes à se frayer des voies et des formes inédites pour rejoindre l'époque. Non pour l'épouser, mais pour la mettre à l'épreuve de ses doutes et en exprimer les tensions et les contorsions. Évoquée précédemment, la période qui a vu se développer les mouvements conceptuels et minimalistes a été,

---

1. *Cf.* « Peintres cinéastes », *Ligeia*, n° 97-98-99-100, janvier-juin 2010.

dans le même temps, accompagnée des grandes œuvres, relevant encore le défi de la peinture, de Bacon, Tapiès, Soulages, Rebeyrolles, Twombly. Plus proches encore, Georg Baselitz, Gerhard Richter, Peter Doig, Marlène Dumas, Sigmar Polke, Gérard Gasiorowski, Bernard Frize, François Rouan, représentent une actualité vivante de la peinture. Ces artistes témoignent de ce que la peinture ne revient pas, mais devient. Pour survenir et surgir, encore et toujours. Nietzsche, dans ses *Considérations inactuelles*, nous a appris à faire la part des choses et à faire passer le couteau de la certitude ou, dans son cas, le marteau, entre la graisse en laquelle se complaît le présent et la peau où viennent vibrer en écho les événements décisifs et les devenirs. Dans cet horizon d'imprévisibilité où elle se recrée, l'inactualité de la peinture – de celle qui compte aujourd'hui –, loin de la conduire à sa perte, lui offre la chance et le risque d'être à rebours de l'époque et tout contre elle pour en démasquer impostures, faux-fuyants et aveuglements et en porter les inquiétudes.

Si l'appropriation par les autres arts de la procédure de vérité inventée par la peinture leur a été profitable, on ne peut douter non plus qu'ils l'aient en retour également fécondée et enrichie. La perméabilité et la porosité ont joué dans les deux sens, la peinture non seulement important ce qui lui venait des autres arts, du cinéma, de la photographie, de la vidéo, du théâtre, mais reprenant à son compte ce qui lui revenait de ses mutations dans les autres arts. Son exil sur d'autres supports et dans d'autres médiums l'a renvoyée à son propre devenir. Pendant que le cinéma de Godard et la photographie de Jeff Wall transposaient le cadre, la mise en scène et la pose du tableau, la peinture se saisissait des effets cinématographiques, photographiques, vidéographiques, pour en modifier les coordonnées du tableau. Les effets de défilement ou de floutage de l'image (Richter), de superpositions (Polke), de tramages (Rouan), de brouillage et de fragmentation, de mouvements et de vitesses ou de traces abstraites produites par la machine nouvelle (Frize), les mises en scène empruntées aux séquences cinématographiques à la bande dessinée ou aux graffitis urbains (Monory, Doig, Basquiat), autant de procédés qui ont pu relancer la peinture, qu'elle les ait assimilés pour son propre usage ou, au contraire, qu'elle leur résiste en les perturbant. Quant à Buren, qui continue malgré tout de se réclamer d'un travail pictural, sa sortie de l'atelier ne s'est pas faite sans transfert *in situ* de ces fameuses bandes rayées de 8,7 cm qui contribuent, en fonction de la disposition et de l'esprit du lieu, à le mettre en valeur d'une manière ou d'une autre – critique, remarque, embellissement, etc.; plus souples que le cadre fixe du tableau et se prêtant mieux à la négociation avec le lieu, elles ne sont pas sans en prolonger la fonction, celle d'une focalisation et d'une attention qui saisissent et interrogent le regard. Comme le tableau, mais sans lui, elles jouent leur rôle d'« attrape-regard »[1].

Mais peut-être pas seulement quand, comme dans l'exposition-installation qu'il a organisée au Centre Pompidou[2], Daniel Buren propose l'expérience par immersion d'un espace autre qui transforme de fait le spectateur en acteur du lieu qu'il parcourt, l'invitant à être *dans* plutôt que *devant* l'œuvre, au lieu même des tensions qui la construisent et au milieu des champs de couleur qu'elle projette[3], inaugurant dans le jeu de déboîtement-emboîtement

1. « Ce qu'il faut comprendre, c'est que je n'expose pas des bandes rayées, mais des bandes rayées dans un certain contexte, qui, lui, change sans cesse. Qu'elles soient imprimées sur un papier ou un tissu, gravées sur un mur ou sur des escaliers, qu'elles se trouvent dans un musée ou dans une rue, elles sont devenues pour moi un "outil visuel" dont la fonction est de révéler par son emplacement les caractéristiques du lieu qu'il investit. Elles permettent de regarder d'un œil neuf l'architecture, l'environnement. Mais je n'utilise pas que des bandes », propos reproduit dans l'hebdomadaire *L'Express*, 20 juin 2002.
2. *Le musée qui n'existait pas*, 26 juin-23 septembre 2002, Centre Pompidou, Paris.
3. « Pour moi la couleur, c'est de la pensée pure, donc totalement indicible. Toute aussi abstraite qu'une formule mathématique ou un concept philosophique. Il y a peu d'autres choses totalement indicibles dans l'art si ce n'est le résultat plastique de la combinaison

de ses « cabanes éclatées » un regard aperspectif et kaléidoscopique. Ou bien lorsque Georges Rousse propose, par un jeu d'anamorphoses ambulatoires dans un espace architecturé, de participer au processus de production de l'image par déconstruction-reconstruction du plan selon qu'on se place du point de vue assigné par la perspective qui fond en un tout homogène sur une même illusoire surface l'ensemble des éléments hétérogènes et dispersées qui entrent dans sa composition ou selon qu'on en prend une vue cavalière en parcourant l'espace de la mise en scène qui en disjoint les éléments[1], de sorte que, rabattu dans le premier cas sur le plan sans épaisseur de l'image, l'espace, dans le second, se re-déploie dans toutes ses dimensions. Aux images et à l'espace kaléidoscopiques de Daniel Buren répondent les images et l'espace stéréoscopiques de Georges Rousse ; aux images flottantes de l'un les images mutantes de l'autre.

Une des modalités inactuelles, au sens nietzschéen, de la peinture est sans conteste la façon dont elle se saisit des corps ou, davantage, peut-être de la corporéité. La remarque peut passer pour paradoxale tant le corps est à l'affiche des représentations contemporaines, sature les panneaux publicitaires et les écrans. Mais de quel corps s'agit-il ? Ou bien d'un corps sublimé, *lifté* par le *remorphing* des images, évadé de sa corporéité, de sa pesanteur et, plus encore, de son histoire et des accidents qui en ont fait peu à peu ou par à-coups la singularité. Un style, peut-être, si on entend par là la silhouette allégée que promettent yaourts et eaux de régime, mais

des sensations et du jeu avec l'espace. Si l'œuvre plastique (qui peut-être une peinture, une sculpture ou un objet non encore défini) a une seule raison d'être, c'est de mettre en évidence le plus clairement, le plus intelligemment, le plus sensuellement possible, ses caractères indicibles, et si possible, les faire partager. », dans *Daniel Buren : Au sujet de… Entretien avec Jérôme Sans*, Flammarion.

1. *Georges Rousse 1981-2000*, textes de R. Durand, J. Lupien et P. Roegiers, Genève, Bärtschi/Salomon, 2000.

sans l'épaisseur d'un trait, sans la lourdeur ou le muscle d'une chair, sans la force d'une pulsion ou l'abandon d'un désir. Ou bien d'un corps pornographique voué à la mise en scène et la commande répétitive et expéditive du fantasme, là encore sans rien de la danse ou de la transe qui peut l'emporter, sans l'histoire qui le transporte et le jette hors de lui dans l'extase sexuelle. La peinture contemporaine attrape le corps par la pulsion ou la répulsion, par la corporéité où se mêlent, dedans et dehors, corps exalté ou défait par ce qui le saisit et le dépasse, objet sensuel ou déchet. À l'encontre de la revendication d'une propriété du corps, elle en montre la désappropriation sourde, intime ou collective, corps bouleversé ou avili, étoilé par le plaisir ou fragmenté par la douleur. Les mannequins de Marlène Dumas, leur chair triste et anonyme, leur tête d'égaré, en disent long sur les solitudes modernes. Voilés du trouble d'un regard, les nus descendant l'escalier de Gerhard Richter nous renvoient l'image de notre désir, mais aussi, et tout autant, ses magnifiques paysages assourdis et indécis entre rêve et réalité. Lestés de gravité, soulevés ou dévastés, en morceaux de chair, d'organes et d'humeurs : les peintres contemporains montrent des corps vivants, affectés, touchés, blessés, qui ne s'appartiennent pas ou plus, traversés et empoignés par des forces qui les dépassent. Même quand elle s'empare de la figure humaine, ce n'est donc pas pour la ramener sur le rivage apaisé de l'humanisme, mais pour s'installer sur les bords et dans les abîmes de l'humain en proie aux vertiges du dedans et du dehors, autant pour peindre les détresses qui la défont que les forces qui la portent à la réinvention de nouvelles formes de vie.

Dans l'arc déployé de ses registres, des portraits intimistes (*Reading*) aux paysages déserts et mélancoliques (*Two of the tree*), de la vitesse des avions de chasse s'arrachant aux fonds calmes (*Düsenjager*) à celle des couleurs qui nappent ou strient la toile (*Abstract Painting*

*901-11*), des lancées de matière sur les glacis figés (*Abstraktes Bild 889-5*) aux mosaïques rigoureusement carrelées (*4900 colours : version II*), l'œuvre de Gerhard Richter offre le bel exemple d'une peinture sans concession à la voix, fût-elle des plus douces, du retour à Ithaque et à la quiétude d'un chez-soi. Il y a beau temps, depuis Hegel, que la peinture a appareillé pour d'autres rivages que ceux des contrées paisibles ou dramatiques où l'homme pouvait retrouver son image. La peinture désormais peint moins l'homme qu'elle ne le « dé-peint » et ne le « dé-figure » sous la poussée des forces du dedans et du dehors qui l'assaillent, le déforment et le transforment. Elle en a brisé le miroir et ramasse les morceaux épars où ce sont bien d'autres choses que l'homme qui viennent à s'y réfléchir, s'y inscrire ou s'y perdre. D'une figure brisée naît toute une bigarrure, éclats de mondes perdus, traversés ou à venir.

# table des matières

PROLOGUE : PHILOSOPHIE ET PEINTURE, UNE AFFAIRE DE MÉDIUM ................................................................ 7

CHAPITRE PREMIER : PROFESSION : MÉDIUM ............................ 23
    Portrait de l'artiste en médium (Duchamp) .............................. 23
    La diseuse de bonne aventure (Caravage) ............................... 37

CHAPITRE 2 : INTERMÉDIAIRES ................................................ 47
    Le double jeu de la peinture (Hegel par la peinture) ............... 47
    Médium et museum (L'arche Hegel) ...................................... 56

CHAPITRE 3 : MILIEUX, MATIÈRES ........................................... 65
    De la visibilité comme « moyen pur » (Konrad Fiedler) .......... 65
    Médium versus media .......................................................... 78
    Matière à mémoire ............................................................. 94

CHAPITRE 4 : TRANSFERTS : LA PEINTURE SANS LA PEINTURE ...... 105
    Faire voir la peinture (Diderot) ............................................ 105
    Dans le tableau (Melville) ................................................... 121

ÉPILOGUE : DU PARADIGME PICTURAL ..................................... 133

TABLE DES MATIÈRES ............................................................ 143

Roman INGARDEN, *Esthétique et ontologie de l'œuvre d'art*. Choix de textes (1937-1969), présentation, traduction et notes de P. Limido-Heulot, 2011.

– *L'œuvre architecturale, 1945*, introduction, traduction et notes de P. Limido-Heulot, 2013.

G.E. LESSING, *Traités sur la fable*, précédés de la *Soixante-dixième lettre*, suivis des *Fables*, édition bilingue, avant-propos de N. Rialland, postface de J.-Fr. Groulier, 2008.

K. LÜDEKING, *La philosophie analytique de l'art*, introduction et traduction par J.Fr. Groulier, 2013.

Jacques MORIZOT, *Goodman : modèles de la symbolisation. Avant la philosophie de l'art*, 2012.

Frédéric POUILLAUDE, *Le désœuvrement chorégraphique. Étude sur la notion d'œuvre en danse*, 2009.

Roger POUIVET, *L'ontologie de l'œuvre d'art*, 2010.

Patricia TOUBOUL, *Instruire par l'image. Fénelon et les arts du dessin*, 2012.

Eugène VÉRON, *L'esthétique*, 2007.

Lambert WIESING, *La visibilité de l'image. Histoire et perspectives de l'esthétique formelle*, traduction par C. Maigné, 2014.

Clélia ZERNIK, *L'œil et l'objectif. Psychologie de la perception à l'épreuve du style cinématographique*, 2012.

Imprimé en France par CPI
en août 2016

Dépôt légal : août 2016
N° d'impression : 136870